【完全版】ホツマ・カタカムナ・竹内文書・先代旧事本紀

The Sacred Science of Ancient Japan

エイヴリ・モロー［著］ Avery Morrow
宮﨑貞行［監訳］ Sadayuki Miyazaki

日本は近代国家でありながら
太古の叡智を残している唯一の国だ。
この宝を掘り起こし、世界に伝えてほしい。
気鋭の日本研究者エイヴリ・モロー氏は熱く語る。
さあ、日本の出番だ！

太古の物語や神話には叡智が隠されている。
人も国も、物語と神話なくして
生き残ることができないとモロー氏は言う。
自信をなくした日本人を元気づけてくれる待望の書。

日本の太古の歴史は、公式の歴史書では、
あまりにも不可解で的外れなので、
読者は本当の基本を理解することができず、
こうしていわゆる古史古伝が登場してくるのです。
楢崎皐月《ならさきこうげつ》が語ったように、
日本書紀と古事記と古史古伝はみな、
ある一つの理念を解釈しようとしたものなのです。

このことは、
古史古伝が実際に太古に書かれたものではないことを
示唆しています。
もちろん、歴史学と考古学は、
ときどきびっくりさせるような太古の発見をもたらし、
公式見解を覆すことがあります。

古史古伝は「霧のなかのロマン」ですので、
疑わしく思う人は、
これを歴史の見方の中核に置かなくてもよいのです。
例をあげると、
カトリック教会は、「聖書外典」と呼ばれる
信頼性に欠ける文書の扱い方を知っていました。
聖書外典は疑わしいものですが、
カトリックは、眉唾ながらも
知恵を伝える一つの源泉として今も聖書に含めています。

こうしてみると、
古史古伝は「歴史の外典」と名づけてもよさそうです。
しかし、残念なことに、聖書学以外の世界では、
「外典」という用語は
まったく否定的な意味合いで使われています。
古史古伝は、外典といえども、
少なくとも部分的に真実の原理や理念を伝えている限り、
積極的な意味合いを持っているのです。

ルネ・ゲノンの言う「近代世界の危機」なるものは、無限の量を供給するという果たされない近代の約束はますます危機に瀕しているということを意味しているにすぎません。

世界そのものは、危険な状態ではないのです。

私どもも、この競争をやめる方法を学びさえすれば、危険ではないのです。

ジョン・ミッチェル・グリアーの言葉を用いるなら、

「いま倒れておけ、そうすれば殺到は避けられる」

ということなのです。

「太古の伝承に帰れ、そうして危機を終わらせよ」

ということです。

それは、耳にはたやすく聞こえますが、
残念ながら、実行は難しいのです。

ミヒャエル・エンデが
誰かから聞いたこととして書いていますが、
「第三次世界大戦はすでに始まっている。
それは陸上の闘いではなく、時間の上の闘いなのだ。
我々は、未来の孫たちをもう殺しつつある」のです。
近代世界は、
我々の過去と未来の環境や文化という資源を消費し、
破壊せよと要求しています。
この継続中の戦争から急に反対側に回ることは
容易なことではありません。

「灰色の紳士たち」が
世界中で産み出したこの大混乱のおかげで、
私どもは、祖先の生活様式からしばしば切り離されています。

この近代の後期において求められているのは、
太古の伝統に還る数多くの道を明らかにすること、
そうして独りでいる局外者も乗ってみたくなるような車を
なんとか見つけることができるように取り計らうことです。

本書が、そのために多少のお役に立てることを
希望しています。
太古の伝統を眺める古史古伝の窓は、
歩むことのできる経路を窓ごとに示してくれています。
もちろん、これらの古文書は
現代人がその経路にしたがっていく
歩み方を説明してくれてはいませんが、
古史古伝は宗教や政治、神話、歴史といった
従来のカテゴリーを超えているので
新しい歩み方が求められるでしょう。

おそらく、少数の迷える魂が太古の日本の歌を聴き、
「進歩」という行進から離れ
太古の伝承に還っていくことになるでしょう。
その時、
太古の伝承は両手を広げて
彼らを迎え入れてくれるでしょう。

私どもが歴史を学ぶのは、
自分が「何であるか」を知るためと言ってよいでしょう。
とするなら、古史古伝を学ぶのは、
私どもは「何になりうるのか」を知るためなのです。
古史古伝は、
歴史は事実の科学だとする見方をひっくり返し、
歴史を可能性の領域に運び込み、
可能な歴史の幅を広げてくれるのです。

出版社より

「素晴らしい」の一言に尽きる。

なぜならこんな素晴らしい古史古伝の本に出会ったことはなかったから。

神代文字や古史古伝の本をなぜか出版し続ける、自らも意味のわからぬ止むに止まれぬ衝動をこれほどにまでに完璧に掬《すく》いとってくれたことに感謝したい！　はずかしながら読み終わると同時に泣けてしまった。

正直言って出版はもうやめたい。いつどうやって幕引きができるのか、そんなことも考え出した、そんなタイミングで、こんな本に巡り合わせられるなんて。モローさん、ありがとう！

代表　石井健資

日本語版に寄せて

エイヴリ・モロー

老子《ろうし》はこう語っています。

「道が廃《すた》れると、徳の大切さが説かれるようになる。徳が消えた後には次に義が叫ばれる。義が消えれば、礼にこだわるようになる。礼は心の抜けた形式にすぎず、世の中が乱れる始まりとなる」

私どもは、どうやら秩序の乱れた時代を生きているようです。徳が形式的な礼へと薄れていき、その礼さえも失われつつあります。

私が2015年に東京大学大学院・宗教学研究室に入ったとき、そこで出会った知的な人たちは、秩序の乱れという問題の原因を突きとめようと熱心に取り組んでいました。それ以前の数十年間は、研究者たちは、世の真の秩序を保ってきた積極的な力を代表して「宗教」という言葉を用いていました。昭和時代の日本人は、周りに広がりつつある混乱から自分を救いだすために、よく「宗教」に頼ることがありました。

しかし昨今では、世の中の問題の根幹はそれ以上に複雑であって、単純な答えなどないということがわかってきました。東大の研究仲間は、神や実在についての知識を探求するうちに、人類が歴史を通じて産み出してきた優れた諸作品の中に、なんらかの徳義が表現されているものと確信するようになっていきました。しかし、その徳義の本当の源泉はどの道にあるのかを見つけられず、苦心していたのです。

日本の歴史には、世界に向けて発信すべき独特なメッセージがあり、それは言語を超えた叡智の深みに秘められています。それは、「宗教」や「社会」といった言葉ではまとめきれず、かといって単に遺伝的なものでもありません。それは、年長者から若年者へ受け継がれるごとに強化されていく伝統であり、そのような絆が崩壊したときには失われてしまう伝統なのです。

私を含め多くの外国人には、この独特な日本の伝統の一面が見えてはいても、日本人を相手にすると説明しづらく、また外国人同士でも説明しづらいものでした。私は、どうしてもこれを理解して説明したいと熱望し研究をつづけるうちに、日本という国の起源について日本人の間で語られている物語を探しあてました。そのような物語が真正なものか、捏造《ねつぞう》されたものなのか議論が続いていますが、私にとっては、それらが語られているということ自体が、重要ななにかであることを示唆していたのです。

そうした複雑で深遠な古史古伝は、何世紀も前の言語や隠喩《いんゆ》を用いて書かれ、愛読されるようになった高度の文書です。それらを読むのは常に圧倒されそうになる大仕事でした。難解な書を読むこと自体、最も大事な仕事ですが、遠い国の書を読む場合は、そこに住む人々がそれについてどう考えているのかを知るのはもっと難しいものです。

ですから、本書を書くにあたっては、日本人による注釈書や解説書を丹念に読んで参考にしました。原書を読むことに勝るものはありませんが、日本人著者の思考を英語に翻訳することで、古史古伝がいかに日本の人々を鼓舞してきたのか、外国の人々に示したかったのです。

そうした日本人著者らの伝えた内容が、再び日本語に翻訳し直されました。そんな複雑な行程は混乱を生むかもしれませんが、だからこそ、本書は起点であって、終点ではないことを強調しておきたいと思います。

もし本書に何か面白い事柄を見つけたら、ご自身で可能な方法でさらに追究し、内包する真実を明らかにしていただきたいと思います。そうすることで、**現代における無秩序化の進行を巻き戻し、私どもが古代の徳義と大道を再発見する一助になるかもしれないのです。**

終わりにあたり、宮崎貞行《みやざきさだゆき》氏、いときょう氏、高畠精二《たかばたけせいじ》氏、長谷澪《はせみお》氏、重富嘉代子《しげとみかよこ》氏には、本書の英語版に関心を寄せていただき、2018年に一部の内容について講演する機会が叶いましたこと、またこの和訳版の完成にご尽力いただきましたことに、この場を借りて心から感謝申し上げます。

もくじ

第二章　浮かび上がってきた太古日本の謎
――なぜ古史古伝を取り上げるのか

第三章

『先代旧事本紀』に隠されていた秘密
——五憲法と十種《とくさ》の神宝が伝えようとしたもの

第四章 五七調で書かれた縄文叙事詩『ホツマツタヱ』
――天君《あまきみ》アマテルとワカ姫が教えようとしたもの

第五章　カタカムナの渦巻きが物語るもの
――見えない世界と共鳴する波動科学が太古にあったのか

第六章　竹内文書が語ろうとしたもの——超古代のスメラミコトの教えは、なぜ世界に広まっていったのか

第七章　古史古伝はどう評価すればよいか
――偽書か神話か宗教か、それとも「思い起こす」ことなのか

※本文中の個人名等は、敬称略とさせていただきます。

カバーデザイン　森瑞（4Tune Box）
校正　鷗来堂
本文仮名書体　文麗仮名（キャップス）

第一章

古史古伝は霧のなかのロマン

太古の叡智を学ぶ

日本では、民族の太古の起源を記した真実の物語だという書物が、一七世紀以来多数出現してきました。こうした文書は、近代以前に存在した証拠が乏しいために、本物かどうか疑われています。また、往々にして年代に誤りがみられ、原初の文字体系と称するものも歴史的証拠によって裏付けられていないものがほとんどです。

これらの書物は、書店ではオカルトや精神世界の棚に分類され、その隅の方に並べられていたりします。そんなふうに既存の権威筋から拒絶されていてもなお、全国に支持者たちがおり、彼らは古史古伝が太古の世界の何かを伝えているのではないかと調べています。

こうした文書に描かれる世界は、現代の考古学が想定する太古の姿と似ておらず、普通に想像される石器時代とも似ていません。むしろ、大変興味をそそられる異類の知識を断片的に伝えているように見えます。

わかりやすくするために、そのような原典のことを「古史古伝」(parahistory)と呼ぶことにします（注1）。それらの書物の内容は多岐にわたっており、研究している理由も思いも及ばないほどさまざまです。例えば、太古の日本語の原始的な響きに興味を抱く研究者もいれば、太古の日本ではどんな祀り方で祝っていたのかを知ろうとする人もいます。

彼らは、仕事の合間をみて古代言語や未知の文字をじっくり解読し、全国の遠い山々や忘れられた祠《ほこら》に散らばっているパズルの断片を繋ぎ合わせて、壮大なパズルを組み立てようとしています。

本書では、以下の四件の文書に注目します。ほかにも、同じように複雑な物語をもつ古文書が多数あるのですが、この四件の文書は、深く読み込んで注釈したくなるような特有の価値観を有しており、また内容の類似している点ばかりでなく、極端に違っている点にも引き付けられるからです。

先代旧事本紀大成経《せんだいくじほんぎたいせいきょう》（六二〇年に編集されたとされ、一六七九年に出現）

旧事紀《くじき》七二巻本と呼ばれることもあり、飛鳥時代の天才である聖徳太子《しょうとくたいし》が見出した古代の叡智《えいち》を示すものです。長きにわたり失われていた日本の歴史を記したものので聖徳太子の編集した完全版とされており、古代の指導者たちに関する偏見のない物語のほか、政治と宗教を調和させた良き社会の綿密な計画や、予言、法律、楽曲も含まれています。

ホツマツタヱ（一〇〇年頃に編集されたとされ、一七七五年に出現）

日本の忘れ去られた古代文明の記録であると主張しているもので、聖なる古代文字で書かれています。一万行を超える叙事詩が、古代語に似た馴染みのない言語で綴られています。日本の神々や英雄時代の君主を実際に存在した人々として描き、その世界観は中世仏教の神秘主義宗派である真言密教の教えに類似しているところもあります。

カタカムナ文書（先史時代に書かれたものとされ、一九六六年に出現）

教科書で教わるような歴史とはおおよそ似つかないものです。むしろ、全体的に秘義を記した文書であり、太古の歌を書き連ね、それによって、永遠といってもよいほどはるかな昔にさかのぼる全一的な叡智を力強く伝える文書です。

竹内文書（先史時代に書かれたとされるが、一九二一年に出現）

竹内文書は、英雄の時代をさかのぼり、さらに深い黄金の時代について叙述しています。数百種類の古代文字を用いて書かれ、世界のあらゆる宗教の源は太古日本の一つの「伝承」から発祥したものと主張しています。不思議なことに、竹内文書がいうこの「伝承」は、当時出現しはじめたある種の西洋の文献の主張に類似したところがあります。

これら心躍るような独特な古文書のメッセージを理解するには、古代の歴史と神話を知るとともに、古文書が用いている秘教的な概念を知らねばなりません。手始めに、日本の古代史がどう語られているのか、また**その歴史を通して、なぜこの国が古史古伝を引き継ぐのに適した独特の国なのかを見ていきましょう。**

人類は退化したのか

公的に認められている日本国の歴史は、残存する最初の文献である『古事記《こじき》』と『日本《にほん》書紀《しょき》』から始まります。この二つの古典は、初期の天皇の生涯や日本の成り立ちを告げる主な出来事を記した最も重要な情報源です。それらは、皇帝や王の治世ごとに記述した、中国の編年体をある程度模倣した年代記になっています。

しかし、中国の年代史とは異なり、宇宙の起源から霧に包まれた先史に及ぶ、はかり知れない大昔の口承も盛り込んでいます。日本では、宇宙の起源や最初の人類の誕生は伝承史の一部となっていて、科学的、政治的あるいは宗教的な問いかけというより、むしろ歴史的な問いかけとされています。

言うまでもなく、これら二つの文献が実際の創世や日本人の起源を語っていると、そのまま信じる日本人は現代にはほとんどいません。考古学によって明らかになっていますが、縄文時代と呼ばれる石器を使った長期の時代があり、そのあと社会構造を発展させ、上等な衣服を作り、大型の木造施設を建てた弥生時代と呼ばれる鉄器時代がありました。

現代人は、『古事記』や『日本書紀』の記述をそのまま受け取ることができません。合理的思考をもつ読者であれば、これらの文書は文明の開けていなかった原初の記憶を幾分伝えているのではないかと思うことでしょう。しかし、実際には予期に反して、その逆なのです。『古事記』や『日本書紀』を読んでも、原始から脱却して文明に向かうという感じがしないのです。

それどころか、逆に人間たちは神々の直系の子孫だというのです。どちらの書も、神々が日本の島々を造り、戦い、愛しあい、初代の人間たちを産み、聖なる権利に基づき王朝を始めたと記しています。歴史の焦点が物質世界に変わった後も、人間たちと神々の関わりあいは物語の全般にわたって、変わらないまま続いていきます。

こうした絶大な力を産み出した昔の神界にまつわる神話は、日本に限らず太古の文書が今も残存する各地で見受けられます。

例えば、ギリシャの詩人ヘシオドスは、五段階の人類史について伝えていますが、それは暗闇から光へと上昇する物語ではなく、不死の非物質的な霊体から弱い肉体への下降を物語るものです。これと酷似した物語は、インドのヴェーダにもマヤの周期説にも見られます。聖書にも、人類は神の恩寵を受ける立場から転落したという基本的な物語があり、ユダヤの伝承でも代を追うごとに人類が衰退してきたことを「イェリダ・ハードロ」と呼んで伝えています。

このように世界中でいくつもの物語に一貫してみられる人類下降の説話はよく知っているはずなのに、私どもはめったに核心をつく疑問を追求しようとしません。つまり、「**なぜそんなに多くの異文化において、私どもが信じている事実と矛盾するようなことが、原初の古文書で歴史の記憶として語られているのか**」**という疑問です。**

人類の起源にまつわるこれらの物語とそれが現代まで伝える古代のメッセージは、人類の発生に関する科学的検証が現れると、すぐさま軽視されてしまいますが、それによって忘れ去られるということはありません。

旧約聖書が西洋では今も重要性を持ち続け、何かにつけ多くの人々の信念の土台になっているように、日本発祥の起源の物語もまた、文化的な記憶から拭《ぬぐ》い去ることなど不可能ですし、全国数百万人と言わずとも、数百人、数千人を今も魅了してやまないのです。

人々は、謎に満ちた古代の神話に関する書物を飽くことなく求めており、中国の記録に伝わる邪馬台国《やまたいこく》や女王ヒミコの不思議な物語もこれまでずっと渇望してきたのです。

太古を見直すエヴォラとゲノン

もちろん、これから検討する四つの古文書は、まだ標準的な歴史とされていないので、起源物語の標準となるだけの力をもっていません。こうした古文書を真正なものとするなら、国家や学会に対して異端の説を唱えることになります。政府や学会といった権威筋は、古史古伝の書をこれまで無視し、あるいは共謀して抑圧してきたからです。現代の研究者たちは、そのような権威筋に隠蔽《いんぺい》されてきた秘史として古史古伝を公開しています。

かといって、古史古伝の物語は民衆の文化の一部になったことがないので、まだ「民話」と呼ぶこともできません。古史古伝の伝える歴史は、基本的には非主流の別の歴史とみなされていますが、これらの文書は日本や世界全体に対して今どのような価値をもっているのでしょうか。

この問いに答えるため、私は、**二十世紀のイタリア人哲学者であり登山家のユリウス・エヴォラと、先覚者であるフランス人の形而上学者、ルネ・ゲノンの業績を参考にすることにします**（注2）。

エヴォラは、わざと古史古伝のような文書を作ったことがありますが、そのとき序文で、誰がいかなる歴史を語ろうと、その時代に必要とされていた事柄を反映したものに過ぎないという大胆な発言を行っています。そしてどれほど裏付けがあっても、「真実」なるも

ユリウス・エヴォラ

ルネ・ゲノン

のは物の世界を超越したものであり、物的な証拠資料を超えているものだと主張したのです。

事例をいくつか挙げれば、エヴォラの言おうとしたことがわかります。

一八二〇年代からおおよそ一九六〇年代まで、合衆国の「建国の父たち」は、アメリカで卓越した精神の持ち主として崇敬され、子供たちはワシントンやジェファーソンを見習うように教育されたものです。ワシントンは嘘をついたことがないというのが有名な逸話でした。

あるイタリア系アメリカ人は、国会議事堂の天井に「ワシントンの聖化」と題した絵画を描き、神界に昇っていく初代大統領の姿を表現しましたが、今日では、このような神格化にうんざりするアメリカ人もいます。また、歴史修正論者は「建国の父」たちは卑劣な行動をとったことがあり、多くは奴隷を保有していたことなどを指摘しつづけています。

こうした双方の考えは、それぞれの生きた時代のニーズを反映しているのです。したがって、どちらも正確な歴史「そのもの」ではありません。二つの異なる物語が子供たちに教えられるのは、歴史上の人物について社会が子供たちに期待する態度というものを知らせるためなのです。

もう一つよく知られる事例に、歴史を動かそうとしたマルクスの試みがあります。ハンナ・アーレントが、『伝統と近代』というエッセイで記していますが、マルクスが『共産党宣言』の冒頭に書いたのは、社会や人間性ではなく歴史についての見解でした。「これまでに存在した社会の歴史は、すべて階級闘争の歴史である」と彼は書いたのです。

もしマルクスに説得されて、読者がこのような歴史物語を受け入れたなら、共産主義の確立それ自体が読者の思考において歴史的な必然性となり、その結果残るただ一つの選択は、進歩的な未来、あるいは退行的な過去のどちらにつくかということになります。**マルクスの歴史物語そのものに欠陥があるかもしれないと気付くには、マルクスやマルクス主**

義史家の枠の外に目を向けねばなりません。

事実を超えた物語か

以上のような事柄を念頭において、起源を伝える物語に戻りますと、ひとつの物語の背景にある思想が、叙事詩のような壮大なドラマと重みを帯びて現れることがわかります。**人類は、原初の穴居《けっきょ》生活から初期の未熟な王国へ進歩し、さらに近代へ、民主制へと発展してきたという物語は、今の時代に合うように作られた「神話」なのです。その神話の望ましい「真実」にうまくかみ合うように物語を創作し、「人間」を肉体存在としてとらえ、その肉体の物語を過去数世紀さかのぼって説明してきたにすぎないのです。**

しかし、もしも人間の本質は肉体に降りてきた魂だとすると、そうした肉体の物語のすべてが人間とは無関係になり、これを捨て去ることができます。一例をあげると、C・Sルイスは、多くの伝統思想家と同じく次のような見方を提示したことがあります。

「我々キリスト教徒は〈叡智〉を『進化』とは呼ばない。叡智は、自然からやみくもにやってくるものではなく、光と力の世界、そしてあらゆる自然を超えた知識の世界から降りてくるものだからだ」

この原則を適用しますと、人間の起源論争において、物的な証拠というものは関係がないことが分かります。進化論者と天地創造論者は、異なる基本的仮定のもとで論争しているのですが、この物質主義の現代では、有神論者が形而上学的な主張を補強するため、科学的と見える証拠を考案するという罠に陥ってしまうことがよくあります。しかし、科学そのものはこうした物語のうちどれが正しいのかを決定する上では無関係なのです。

それは選択であり、個人が観察者として自分の信念にしたがって選択しなければならないことです。証拠がどれだけ提示されようとも、自然淘汰という物質的見解を、魂の起源に関する霊的（スピリチュアル）な見解に変換することはできないのです。

エヴォラは、私どもの古代文明のイメージには「霊的な真実」が含まれており、それは歴史学者や考古学者らが裏付けるいかなる物的な主張よりも偉大なものであると述べています。彼は、その考えを『現代への反乱』という書物のなかで次のように説明しています。

どの時代にもその全体の気風を反映する「神話」というものがある。人類はより高次の起源すなわち光と霊の過去を持つという貴族的な考えが、現在では進化という民主的な考えに取って代わられた。それは、高次なものは低次なものから、ヒトは動物から、文明は野蛮から派生するという考えである。

この考えは、自由な科学的探究から生まれた「客観的な」結論というよりは、むしろ、近代世界が、知的、文化的な諸層に必然的に生み出した数多くの反響の一つに過ぎない。この近代世界の特徴は、低劣な社会的、精神的現象と伝統を見失った人間とにあるが、それらから生まれたのが「進化」という考えである。

したがって、進化を「実証した」という迷信が、自己弁護できる言い訳をいつまでも用意できるなどと、思い込んではならない。新たな展望の地平は、新しい事実の発見によって開けるのではなく、それらの発見に向きあおうとする新たな姿勢を通じて開けるのである。

伝統的な教義の見方（人間の本質は魂であるとする見方）が正しいことを科学的な視野からも立証しようとする試みがあるけれども、それは、そうした類の科学的知識を受け入れたいという心構えを十分備えている者たちだけが受け入れることであろう。

この警告はエヴォラの著作の半ばあたりで登場します。古代と中世の様々な哲学を論じるところから焦点を移し、遠い過去の物語を語ろうとする局面で出てくるのです。

彼の全作品のうち最も難解ですっきりしない部分ですが、エヴォラは読者をヒュペルボレイア（北極圏）にあるアーリア人の霊的故郷から人類が始まるという、叙事詩の旅に誘います。そして世界のあらゆる文化は、この北極圏の故地、またはアトランティスに繋がるものとして語るのです。

読者がここまで、彼の考え方に疑いながらもついてくることができたとしても、作品の後半に入ると、それを「受け入れたいという心構えのできた者」でなければ、訳がわからなくなってしまいます。後半に語られる諸々の事実というものは、過去に何が起きたのかについて何ら洞察を与えてくれないのです。そして今やその逆に、人類の起源についての究極の「物語」が、諸々の事実に光をあててくれるのです。

これこそ、私たちが古史古伝に対して持つべき態度です。つまり人類の起源物語というものは、考古学的資料に照らして正確性を判断する科学的報告書として読むために作られたものではないし、地球外生命体やコンピューターによって解釈されることを目的とした

ものでもありません。

エヴォラの言うように、古史古伝の力の源は、それが小説ではないという事実にあり、また「受け入れる心構え」を持つ読者層が、実際に起きた秘密の歴史としてとらえている点にあると思われます。古史古伝を記している数々の古代の文字と言葉は、こうした文書を本当に熟知したいなら、古代日本の神秘的な世界に参入して手ほどきを受けなければならないということを現代の読者に示すために作られたものなのです。

文献として表面的分析をするだけでは、そうした支持者に与えている古史古伝の価値を無視することになります。部外者にとっては全く信じられなくても、古伝自体は史実であると主張していますから、古伝は両義的な存在といえます。したがって、古史古伝は従来の著作群とは異なる新たな研究分野（ジャンル）として位置付けられることになります。

霧のなかのロマン

ホルヘ・ルイス・ボルヘスが書いた最も有名な物語の一つに『トレーン、ウクバール、オルビス・テルティウス』という書があります。

この物語で、ボルヘスと友人らは架空の惑星トレーンの秘密を解き明かそうとし、また作者が発明した言語と文献を繙《ひもと》くのに夢中になっていきます。惑星トレーンの文化は、ボルヘスらにとって縁のない異質なもので、その架空の言語は奇妙な宇宙人のものなのですが、彼らが熱中するにつれ、地球は惑星トレーンに似たものになっていくのです。こんな変な話は、古史古伝が想像するような世界なのでしょうか。

はじめは私もそう思っていましたが、古史古伝の研究者たちは私が間違っていたことを気づかせてくれました。前述の古史古伝は日本人にとっても非常に異例なものですが、風変わりに見せようと「意図して」いるわけではなく、むしろエヴォラの言う「見えず触れえない次元」からの伝言を発信しようとしています。

その伝言とは、死すべきこの世を超えた「基盤であり、源泉にして、真なる命である次元」（エヴォラ）からのメッセージを伝えようとするものです。では果たして、古史古伝の書はその目的を果たすことができたのでしょうか。その判定はこれから読者の皆さんにしていただきたいと思います。

この古史古伝という分野を疑わしく思う方々も、好奇心から暇つぶしにこれを研究するかもしれませんが、前述の古伝の賛同者たちは、その古文書は重要で、意義があり、もっと多くの人々がこれを学べば、世界はより良い方向へ進むと何度も繰り返し語っています。彼らは、古伝は午後のお愉しみに読むものではないと言っています。

古伝の賛同者たちは、この世の未来は不確実だから、古伝の内容を大半の人々が理解するようになれば、真の遺産である叡智を継承することができ、それによって不確実な人生の数々に打ち勝つことができるのだと言っています。古史古伝の研究から、多岐にわたる事柄をお互いに理解しあうことが始まると言うのです。そうできるなら、どんなにか幸せなことでしょう。

古史古伝を研究してみると、あり得た過去の新しい姿が見えてきます。古伝の研究者なら、G・K・チェスタトンの次の主張に賛同することでしょう。

「我々は依然としてエデンの園にいるといってよい。変わってしまったのは、我々のものを見る眼だけなのだ」

古伝が描く太古の日本はエデンの園かも知れないので、古伝の一つを読めばエデンの園を見通す窓が一つ開かれるかもしれません。あとで触れますが、古伝群のたくさんの窓をとおして見ると、あり得た過去の刮目《かつもく》すべき記憶の数々を発見することになるでしょう。それらの記憶はみな、複雑で難解な面も多々ありますが、希望の持てるメッセージを現在に投げかけているのです。

本書で要約した四つの古伝は、綿密な注釈書がいくつも日本語で出版されています。原本はいずれも標準語では書かれておらず、なかには独自の文字体系を使うものや、異なる言葉を使うものがあります。一つの古伝をたった一つの章で、完全に把握することなど、とうてい期待できません。

そのかわりに、各古伝の最も好奇心をそそられる箇所や称賛すべき部分をご紹介していきます。そのあと、信奉者たちがどのような文脈で研究しているのかを説明します。それは、じっくり研究、学習してみたいという方々に対し、古史古伝はもっと精査してもらう価値があるということを示すためです。

読者の皆さんは、今、本書を信頼して読まれているように、古代や中世の執筆者による作品もまず信頼して読んでみてください。そして古史古伝が何を指し示しているのか、なぜ皆さんにとっても重要なのかを理解しようと努めてください。謎を解き明かし、内容を正確につかみ取るのは、なかなか難しいことですが、その中に古史古伝の大いなるパズルが隠れているのです。井村宏次《いむらこうじ》という研究者は、古史古伝を探究した旅を振り返って以下のように述べています。

「古史古伝が書き残した古伝承がすべて真実であるとはとうてい思えない。その内容は、捏造や改竄《かいざん》に満ちているからだ。しかし、こうした危惧は古史古伝にとどまらず、古事記や日本書紀にもおよぶのは言うまでもない。また、現代の超心理学が明らかにしたように、伝聞、民話、暗唱などは伝わっているうちに間違うことは当然であるし、さらに数世紀を経るうちに口唱による伝承が、改悪、改変されていくのも当然のことと言えよう。

このように見てくると、文法を解明するのも困難な場合がある古史古伝をめぐって論争が絶えないことはよく理解できる。さらに言うなら、この分野に苦心して一度足を踏み入れてしまうと、抜け出ることが難しくなる。なぜなら、不可思議な魅力と霧

のなかのロマンにとりつかれる旅を次第に楽しむようになるからである」

古史古伝は、まさに「霧のなかのロマン」です。各古文書には、妙に親しみを感じる文章が多々あり、井村が指摘するように、説明しがたい古代のイメージに魅惑され、離れがたくなってしまうのです。しかし、このような瞬間に到達するには、古代の歴史や言語、伝説、公式の歴史との矛盾といった藪の中をかき分けて進まねばならないのです。

第二章

浮かび上がってきた太古日本の謎
——なぜ古史古伝を取り上げるのか

日本はどんな国なのでしょうか。そして、日本人とはどんな人たちなのでしょうか。日本人がそう自問する場合、まずは原初の情報源にさかのぼって答えを得ようとします。最近は幅広い文献や考古学の証拠が揃ってきており、いかにして日本がひとつの国になったか、黎明期《れいめい》にどのような重要な出来事が起きたかを伝えています。とはいえ、そうした正規の情報源にはどこか不十分で物足りないところがあります。ローマ帝国建国の神話やアメリカ合衆国憲法とは違って、日本列島にどのような国ができたのか、すぐには答えを出してくれないのです。

以下に続く各章では、珍しくて風変わりな古文書の数々を探検していきます。大概の探検家は、旅立つ前の荷造りがなによりも重要であることを心得ているものです。太古の時代を知るためには、少しでも背景となる予備知識を蓄えておくことが絶対に欠かせません。

これから見ていく文書は、わかりにくい暗示や類比に満ちていて、この探検旅行ではそれらすべてを追跡して突き詰める時間はありません。ですから、太古の歴史を幅広く研究してみようとする方々が知っておくべき最も重要な事実のみを網羅することにします。標準的な教科書にあるような知識から、歴史マニアの好む不確かだが些末な知識まで、順を追って説明することにしましょう。

縄文から弥生、古墳の時代へ

過去の日本人がどんな暮らしをしていたか、最も確実な説明を提供してくれるのは考古学ですが、遺物がなぜ作られたのか、あるいはどんな意味をもつのかは推測するしかありません。

証拠そのものからわかるのは、日本には通常の旧石器時代が数万年前にあり、次いで縄文時代があったことです。日本人の先祖たちが、すぐ縄文とわかる美しい土器を作り、土偶という粘土を使った人型の像を作っていた時代です。手の込んだ精巧な土偶は有名で、宇宙飛行士に似ているとも言われていますが、それだけでは太古の歴史を説明してはくれません。

縄文時代は、粘土細工と音楽器具のほかにはそれ以上複雑な特徴はなく、紀元前三〇〇年に終わりを告げます。今日では、一般向けの物語や漫画には、縄文人は極東地域の隣人たちのように、単純な狩猟採集型の生活をしていたと描かれています（実際には、七〇〇〇年前から陸稲《りくとう（おかぼ）》栽培の定住が始まっていましたが）。
縄文人の次は弥生人です。紀元前の最後の数世紀に、東アジアで戦乱から逃れた人々が日本に移住してきて、先住民と自由に交流し、縄文やアジア文化とはまったく異なる新しい文化を創造したのでした。**考古学者らは、弥生時代の部族長の支配した大規模集落の遺跡を発見し、巧みな鏡、剣や勾玉が大量に作られていたことが判明しました。**

弥生特有のこれら三つの品目は、皇室の三種の神器として幾千年にもわたって天皇家で継承されてきた品目とおなじもので、日本で神聖なものとみなされてきました。現在では、三種の神器に触れることが許されるのは天皇と祭祀を担当する掌典職《しょうてんしょく》のみとされていますが、それらは考古学者が発見した弥生特有の品目と同じであることが中世の描写によっても確認されています。

また、弥生時代には青銅の銅鐸《どうたく》が作られ、稲作を行い、大規模な集落を作っていましたが、その一つが佐賀県の吉野ヶ里《よしのがり》歴史公園に細部にわたって再現されています。

西暦二八〇年に書かれた中国の魏志倭人伝《ぎしわじんでん》は、現代の歴史学者が認める最初の日本に関する記述です。この古代の記録は一八六八年以前には軽視されていました。というのも、日本書紀や古事記が標準とされていたためです。しかし、明治の帝国が始まると、古代日本を理解するうえで欠かせないものになりました。

今では、邪馬台国と呼ばれる三世紀の王国とその巫女《みこ》の女王、ヒミコの謎めいた描写は、人々の想像をかきたてており、邪馬台国やヒミコの本を置いていない書店に出くわすことは難しいくらいです。

標準的な日本人のもつ弥生時代の男女のイメージというのは、白衣を着て、輪に結んだ髪型をして、丸玉や勾玉で作った首飾りをしている姿ですが、それは魏志倭人伝の描写を元に考古学の知見で補足されたものです。しかし、魏志倭人伝には空想的な要素も含まれているので、邪馬台国の場所を特定するのは難しい状況です。

土偶　東京国立博物館蔵

魏志倭人伝のあと、文献上の歴史は長い空白が続き、考古学で弥生時代は古墳時代へと変わり、天皇の墓は大きな墳丘墓《ふんきゅうぼ》に変化しました。こうした古墳は、日本の各地で現在も散見されます。

『日本書紀』と『古事記』の謎

古史古伝を別にすれば、文字と認められたものが日本で最初に作られたのは、五三八年から七一〇年の飛鳥時代ですが、今日まで残っているのはごく短い文章と碑文だけです。この時代、日本は仏教や海外からの移民の影響を強く受けました。この時代は聖徳太子の時代でもあり、彼の叡智については次の章で紹介することにします。

八世紀初頭にようやく、初めて現存する日本の年代記が二つ出現します。**しかし、それらは答えをくれるよりもむしろ多くの疑問を生み出しています。**その一つは『日本書紀』という古い中国語で書かれた歴史文書で、中国の史書の編集の仕方と似ており、なかには中国史の記述とそっくりの記述も混じっています。それは、この世の始まりから歴代天皇の気高い行動に至るまで、日本の歴史を記したものです。

中世の日本では、日本書紀の記録は創世から六九七年までの標準的な歴史とされ、その後の五つの続編（続日本紀《しょくにほんぎ》他）が八八七年までを記録しています。これら標準とされた六編の書紀には、興味深いことに矛盾し合う記述がいくつもあります。中世および近世初期の解説者は、どの書紀が正しい記述をしているのか、しばしば論争を繰り広げたのでした。十八世紀に入ると、本居宣長《もとおりのりなが》という野心的な歴史家が、日本書紀の記述の真贋《しんがん》論争を脇に追いやり、古事記というもう一つの史書に注目しました。これは単一の文献ですが、漢字表記の和文という難解な混成文で記されています。

古事記は、日本書紀のわずか八年前に書かれたものとされています。説明している期間は同じで、同じ記録も多々ありますが、古事記は明瞭さと古典としての華やかさに乏しいのです。**中世の史家は、とりえのない偽物と信じていましたが、本居以来、古事記は日本最古の正史として再評価されるようになりました。**

本居は、天皇の重要性を再確認するという歴史解釈上の革命を起こし、それはやがて一八六八年の明治維新の礎となりました。そうして、日本を閉鎖的な島国から力強い近代帝国へと変容する発端を作ったのです。

古史古伝の研究者たちは、こうした歴史の教訓を見逃がしません。つまり、一度見捨てられた歴史も、数世紀後に正史として大切にされるようになり、民族の魂を変容し再生させる可能性が無限にあると考えているのです。

しかし、本居の主張は多くの疑問も呼ぶこととなりました。現在の大多数の歴史家が受け取っているように、日本書紀が七二〇年に書かれ、古事記は七一二年に書かれたとするならば、どう考えたらよいのか迷います。つまり、**なぜそのような短期間に、異なる二つの史書が書かれたのでしょうか。**なぜ日本書紀は古事記を引用しないのでしょうか、また古事記は原典の存在を認めているのに、なぜ日本書紀は古事記を原典として認めていないのでしょうか（注1）。

これについては、政治的な理由を説明する学者もいますが、この二作の間に政治的に顕著な差異はないのです。数ある大きな違いは謎めいていて、古事記を改訂すべき明白な理由を示すものがありません。

編年体としてよくまとまっている日本書紀は、天皇家の権威を強化するために作られたといわれていますが、その一方で異なる物語を記録した異書をいくつも引用しており、確実な歴史がないことを明らかに認めています。他方、古事記は単一の物語ですが、文体が混乱していて読みづらく、近隣諸国に誇示するには不向きなものです。

朝廷の諸文書をよく吟味すると、**これらの歴史書が準備されていた西暦七〇〇年あたりでもすでに、他の古くからの文書は放棄されたり処分されたりしていたことがわかります**(注2)。次の章で説明しますが、さらにもう一つ『旧事紀』という特異な情報を含んだ史書が同時期に書かれています。しかし、それは未完のまま放置されたのかもしれません。

こうした数々の史書の由来は、とても不可解なものです。現存する古代の史書が編集された過程を見ると、今となっては、理由は不明ですが、舞台裏での改訂が何回も繰り返されていたようです。

この点だけでも、古史古伝の研究者には、公式の物語の正確さを疑ってよい正当な理由を与えています。これらの正史が伝える物語を調べ始めると、解決すべき謎が次々に現れてくるのです。

カミとは誰のこと

日本最古の古典文書を書いた作者たちは、日本をとても暮らしやすい国と感じ、マホロバ（諸国にまさる素晴らしい土地）と呼びました。作者たちは、ごく初期の時代から、日本の素晴らしさは、そこがかつてカミと呼ばれた存在の棲み家であったことと密接なつながりがあると考えていました。カミという言葉を英語で言い換えるなら「主（Lord）」というのが最適ですが、古代ギリシャ神話の意味での「神（God）」と呼ぶこともできます。

古事記や日本書紀は相当な数の神々や伝説に言及していますが、往々にして神々のふるまいは理解しがたく、説明しがたいものがあります。中世に至ると、「神ながらの道は測《はか》りがたし」と一般に言われるようになりました。

「カミ」という言葉の意味は、数世紀にわたって激しい論争の種になっていました。古史古伝において、カミは過去の偉大な英雄たちを意味することもあれば、物質世界を超えたギリシャの神々のような存在、あるいは宇宙の単一の神霊にいたるまで、様々な意味を持っています。

カミは世界を創りますが、世界に住んでもいるのです。おそらく古代の日本人なら、「人は命に限りがある神であり、神は命に限りのない人である」という古代ギリシャ人の意見に賛同していたことでしょう。

しかし、正史とされる記紀では、カミは怪我をして死んだり、他のカミによって蘇《よみがえ》ったりします。作者たちが示唆したように、もしかしたら、カミは単に純粋な心の持ち主ということなのかもしれません。しかし、正史の描くカミの動機は、純粋とはいいがたいものが多々あります。**こうしたカミの意味の曖昧さに留意した上で、本書においてはカミ(Kami)という言葉を翻訳せず、そのまま用いることとします。**

あいまいでも幸せ

大半の日本人にとっては、カミは過去に生きていた人物だと分かれば充分なのです。今でもカミが存在しつづけているかという点については、神学上の判定は下されていません。ただし、神社の風景のなかではカミは祀られ続けているのです。

日本全国には、カミを祀る一〇万以上の社があり、西洋の文献ではしばしば神道の聖堂

（shrine）と呼ばれていますが、これは一般化した表現と心得ておかねばなりません。

日本語は単数形と複数形を分けないので、**神道を「カミの諸道」（ways of the kami）と訳すとわかりやすくなります。**そうすれば、他にもいろいろなカミの道があり、さまざまなカミの理解があることを想起させ、神社は人々が信じるか信じないかの自由を束縛しようとしてないことも伝わります。

伊勢神宮の荒祭宮

神社と呼ぶのは、単にそこに神が関わっている施設という意味にすぎません。神社はある組織と関連しているかもしれないし、どんな団体にも関わらない独立したものかもしれず、またある家族に所属するものもあり、ビジネスそのものということもありえます。
神社に祀られているのは、記紀に記されたカミの場合もあり、その土地で亡くなった著名人、あるいは誰も知らない神名ということもあります。神社によっては、訪れたり祈禱をお願いしたりすれば、縁結びや安産や仕事の成功に繋がるとしているところもありますが、日本人は神社に行くことが特定の教義を認めることとは思っていません。

神職が神社について抱いている信条はあっても、それは私的な意見であって、訪問者に押しつけることは決してありません。神社を訪問しても、そのカミの支配を受けると信じているわけではなく、それはアメリカ人がホワイトハウスを訪問しても大統領の支配に従うわけではないのと同様です。

アメリカのハロウィーンの例を考えてみてください。ほとんどのアメリカ人は、この祭日の起源を知らないけれど、誰もが「トリック・オア・トリート（邪魔されたくないなら接待せよ）」と叫ぶ来客にどう対応したらよいかわかっています。どの家庭も参加することが期待されていますが、参加しないからといって罰があるわけでもありません。一番こわいのは、近所の見知らぬ危険人物から食べ物を受け取ることですが、実際には近くに住む人同士が知り合い、身近な関係になっていくのです。

日本の地方に行けばこうした祭りはたくさんあり、単純に楽しいからという理由で長きにわたって実施されています。祭りの用具を保存しているのは神社ですが、ほとんどの日本人はふだんから訪れることはなく、祭日や特別な行事の時にだけ行きます。神社は近隣の由緒ある場所であり、ごく少数を除いては日本の「宗教」としてとらえていません。神職でさえ、自らを無宗教だと思っているのはよくあることです。

最も神社の訪問者が多いのは元日で、正月には数日にわたって諸家族が集まり絆を新たにします。神社に入る際の慣わしは、水で手を洗って口をすすぐことですが、清らかな心で入ることを意味する習慣です。また、神社で人気があるのは、おみくじをひいたり、お守りを買ったり、神に祈ったり、あるいは敬意を払ったり、蚤の市や祭りを楽しんだりすることです。

神社で偶像を探しても無駄に終わります。というのも、神社にはカミを描写したものが無いからです。通常は、小さな丸い鏡が建物内に置かれています。神社を訪れる日本人は、主要な神社でも、普通は誰が祀られているかを知りません。人によっては、誰にお辞儀をしているのかよりも、拝殿の建築に対する関心の方が高い場合もあります。

こうしたことはすべて、ユリウス・エヴォラの著述と一致しています。

「古伝承の世界の原初の姿に「宗教」を探しても無駄である。**神々に名前をつけたり、姿を描いたりしたことのない文明はいくつもある**——少なくとも、古代ペラスギ人はそうであったといわれている。ローマ人も、彼らの神々の姿を描かなかった時期が二世紀以上もある」

ところが、古史古伝の研究者たちは、通常の日本人とは違います。彼らは祀られているカミに関する知識が豊富ですし、実は古史古伝には、この本ではとうてい網羅しきれないほどの神話があるのです。特に『旧事紀』や『ホツマツタヱ』は、神話なくして語れませんので、ごく簡単に日本の主要な神話をお話ししておきましょう。「神代《かみよ》」といって、カミが地上に降り立つ前の時代から始めることにします。

イサナギとイサナミの物語

地球の初めには形がありませんでした。原初の世界は、高天原《たかまがはら》という天なる国で内発的に生まれたのです。日本書紀によれば、「世界の卵」（渾沌如鶏子）がまず陰と陽に分かれました。陰（女性）の部分が重くなって自然に沈み、陽（男性）の部分は軽くなって昇り、最初のカミを産み出しました。これは、もともと道教の物語なので、この部分は中国の影響を受けているとみられています。日本書紀より古いとされる古事記では、はじめに高天原に現れるのはクラゲのように浮かぶ塊でした。ここから最初のカミが葦の芽のように生え始めます。

当初は、三代にわたるカミがともに宇宙を治めたのち、四代にわたって男女一対のカミが治めましたが、それらのカミについて詳しくは語っていません。最初の重要な神話は、イサナギとイサナミの物語です。ふたりは、天からの命令により地球に降臨した男神と女神です。

二人は天に繋がる巨大な柱の周りを儀式どおりに右回り、左回りで歩き、お互いに出会います。「なんて素敵な若者かしら」とイサナミが言います。「なんて愛らしい乙女だろう」とイサナギが言いますが、彼は「女が先に声をかけるのは異例だな」とつぶやきます。そして、子をもうけるのですが、最初の儀式はうまくいかず、生まれたヒルコは小さく弱々しい子供でした。

そこで、二人がカミに相談するために高天原に戻ると、占いが行われます。そうしてカミは、儀式では男が先に話しかけるべきであったことを知り、二人に告げます。二人は地上に戻り降り、イサナギが先に告白する正式な儀式をやり直すと、イサナミは全部で十四の大きな島々と三十五柱のカミを産んだのです。

このように、日本の歴史は完全に整った世界から始まるのではなく、ある不文律が破られることから始まります。高天原にいる先祖たちでもそうした不文律ははっきり知らなかったようで、**物事を正す方法は、やはり占いをしなければわからなかったのです**。

この事件は、明らかにイサナミがうっかり間違えたものでしたから、イサナギから非難や攻撃を受けるには至りませんでした。むしろ、イサナミとイサナギは幸せな夫婦のようにみえます。

こうした経緯のすべてにユーモアの要素さえ感じます。ふたりは世界を創る役目のために地上に送り出されたのに、あまりにも人間的な過失で失敗してしまい、歴史作家がこれをそのまま物語に収めたのですから。ともかく二度目はきちんとでき、世界が産み出されてすべてが許されるのでした。こうして、イサナミは日本の島々を産んだのです。

イサナミから産まれた最後のカミは火です。産んだ火に体を焼かれたイサナミは死んでしまい、イサナギは絶望で泣きくれ、妻を悼み、埋葬します。イサナギの悲しみは耐え難く、もう一度会いたくてたまらなくなり、「黄泉《よみ》」と呼ばれる地下の世界へと下っていきます。イサナギは、イサナミの霊体と会い、戻ってくれと懇願します。彼女も会えて嬉しいのですが、すでに黄泉の国の食べ物を口にしてしまったので戻れないことを伝えます。

そして、黄泉の国の主に相談してみるから、その間じっと我慢して待っているように約束させますが、イサナギは自分を抑えきれずに奥の内陣へと立ち入ってしまい、蛆虫《うじむし》のたかったイサナミの朽ちていく死体を見つけることになります。その蛆虫たちは、さらにカミを産んでいたのです。

辱められたイサナミの霊体は怒り狂ってイサナギを境界まで追いつめていくと、イサナギは桃の実を彼女に投げつけて対抗します。イサナミはその復讐としてこの世に死をもたらすことを誓います。

イサナギが黄泉の悪臭を川で洗いながすと、そこでさらにカミがどんどん産まれます。

そして、一番見込みのある子供三人、アマテラス、ツクヨミとスサノヲに「天なる国」を継がせることになります。

アマテラスの登場

アマテラスの名前は「天の光」を意味し、太陽を表す女性として通常は理解されており、高天原の統治権を授けられます。ツクヨミは、性別が不明の「月を読む者」ですが、「夜の国」の統治権を授けられたのち、物語から突如消えます。

最後は、スサノヲという通名をもつ男性の神ですが、海の知識を授けられます。しかし、スサノヲは責任をもって自らの国を統治することを拒み、「母の国」を訪れたいと泣いて訴えたために父を怒らせてしまいます。とうとうスサノヲは「シワカミホツマ」（のちに秋津洲《あきつしま》、大和《やまと》そして日本）と名付けられた国から父によって追放されてしまいます。

しかし、拗《す》ねたスサノヲはすぐには退かず、アマテラスに別れを告げたいと申し出ます。もめ事を予期したアマテラスは髪を束ね、弓矢を構え、戦闘服で震えながら弟を迎えますが、その様子をみて困惑したスサノヲは自分の意図は純粋なものだと告げ、その証拠に唾からカミを作ってみせ、それが美しい若い娘たちになります。自分の赤心《せきしん》を証明できたことに有頂天になったスサノヲは、アマテラスの宮殿のいたるところに排便し、田畑も荒らして滅茶苦茶にしてしまいます。しかし、アマテラスは怒ることなくこう言います。

「大便のようにみえるものは、酔っぱらった弟が嘔吐《おうと》してまき散らしたものだ。また、田の畔《あぜ》を崩し溝を埋めたのは、土地を無駄なく使うようにと計らったに違いない」

このような対応は言霊の一例と言えそうです。言語によって創り出される精霊のことで、神道家が極めて強力で魔力をもつと信じている手法です。**この場面のアマテラスの言葉は「のりなおし」とされ、注意深く選んだ言葉によってスサノヲに自分の行いを和らげ反省させるきっかけを与えようとするものです。**残念なことに、そんな言向けにもスサノヲは意地になり激昂《げきこう》してしまいます。

怯えたアマテラスは岩戸に身を隠してしまい、日本中を暗闇へと投げ込んでしまいます。今や高天原は大混乱となり、アマテラスをどうやって誘い出すかを決めようとカミが全員集まります。岩戸のそばで占いと儀式が執り行われ、日本書紀によると、親愛な敬意を示す語り掛けがアマテラスの心をなだめました。

しかし、古事記ではわけが違います。ウズメというカミが衣を脱いで踊りだし、他の神々は囃《はや》したて音楽を奏でるのです。アマテラスはその音に好奇心を掻き立てられ、なんの騒ぎかと岩戸から覗きます。カミたちは鏡で彼女を誘い出し、外に連れ出し、儀式をもって岩戸を封印します。この岩戸の伝説は、日本の神話のなかで最も分析が重ねられてきたもので、遅くとも十世紀から解釈者たちの注目の的になっていました。

スサノヲは名誉を奪われ、日本の出雲地方へと追放されますが、私どもはここで神代から離れなくてはなりません。出雲の一連の神話も同様に魅力的なものですが（例えばスサノヲは八つの頭を持つ大蛇を退治します）。本書のなかでは、古史古伝に含まれないのでこれ以上説明しません。

現在でも、日本の出雲地方はスサノヲの影響を受けており、強い霊力があると考えられています。出雲大社に一人で参拝すれば生涯の伴侶を見つけるのにとてもよいとされていますが、まだ結婚していない相手と行けば二人の間に良くないエネルギーを創り出すことになるといわれています。

位山（岐阜県高山市）の古代祭祀場（ここも天の岩戸とされる）

こうした神話の数々をさらに追求したい皆さんには、W・G・アストンによる英訳『日本紀』（一八九六）が日本書紀の権威ある翻訳書としてオンラインで無料提供されています。残念ながら、古事記についてはそうしたおすすめできる図書がありません。バジル・ホール・チェンバレンの訳書は避けるべきで、ドナルド・L・フィリッピの訳書は優れているのですが、半世紀にわたって絶版で、今ではめったに見つかりません。

初期の天皇たち

アマテラスの孫、ニニギは人間の姿になる命令を受けて高天原から九州の高千穂《たかちほ》という地に降り立ちました。ニニギは妻をめとり島の住民を増やしていきました。紀元前六六〇年、ニニギの子孫は「世界の中心」が東方の彼方《かなた》にあるという噂を聞きつけ、その素晴らしい土地を征服し、神武天皇《じんむてんのう》となります。

ここで留意していただきたいのは、日本書紀によれば、神武天皇は紀元前七世紀の頃、高天原から降りてきた天孫族のうち、ただ一人の子孫ではなかったという点です。彼が征服した物部《もののべ》氏は、同じく高天原から降りてきたニギハヤヒという人物の子孫とされています（第三章と第四章を参照）。実際に、**神武天皇自身も「天神の子孫は他にも大勢いる」と話し、物部氏は天孫族のひとつであるという物部氏の言い分を受け入れています。**

神武天皇は、他の子孫らと同等だったかもしれませんが、日本を統治する天与の権利を有していました。それはいくつかの印《しるし》から明らかです。

例えば、神武天皇は熊野から来たという男から不思議な剣をもらい受けるのですが、それ自体がカミと呼ばれる剣なのです。男は自宅の屋根の上で見つけたと言うのですが、それはかつて世界中で広く信じられていた太古の伝承――神々が稲妻とともに下した「雷石」にまつわる伝承を思わせます。天皇は、カミが彼のもとにこの剣を遣わした夢を見たことを語ります。

また、八咫烏《やたがらす》と呼ばれる三本足をもつカラスやカミと呼ばれる漁師、そして井戸に住まう尻尾がある男が次々に現れてきて、神武天皇を助けると告げます。日本の古典によると、有力な家系は、カラスを含めこうした神秘的な存在の子孫であると主張しています。

それから、神武天皇は悠々と数々の敵を鎮圧し、大和地方に神殿を建造して愛らしい皇后とともに住みました。日本書紀では、神武天皇自身が、平和的な統治や孝養、崇祖《すうそ》の重要性を非常に中国的な言い方で説いています。

古事記には、そのような中国的な影響はありません。古事記ではその代わりに、天皇は次のような短歌を作って妻に贈ったと伝えられています。

葦原の　しけしき小屋に　菅畳（すがたたみ）
　　いやさや敷きてわが二人寝し

時とともに、神武天皇以降の天皇たちの記録には、啓示や不思議な出来事は徐々に減ってゆきます。日本書紀によると、垂仁《すいにん》天皇（紀元前二九年―七〇年）は、アマテラスの指示を受けて「神風の伊勢の国」に神殿を建立します。アマテラスは、伊勢の国を「常世の波の寄せる地」とも呼んでいます。

天皇の建立したこの神社は、現在日本で最も重要な神社とされています。伊勢神宮と呼ばれ、外宮《げくう》と呼ばれるトヨウケのカミのための神殿があり、内宮《ないくう》は、まさにアマテラスのためにに建立されています。

伊勢神宮は、常世《とこよ》という「遥か彼方の地」あるいは「永遠の世界」の方を向いていて、それは日本の東の海上のどこか遠くに位置するとされています。解釈者たちは、常世を「理想郷」だとしています。

最後に景行《けいこう》天皇（七一年—一三〇年）が、息子であるヲウスの皇子にまつわる話を残してくれています。ある日、天皇はヲウスに対し、夕食の席に現れないヲウスの兄をいさめるよう命じました。ところが、ヲウスは兄の骨を折り、肋骨を引き抜いてしまいます。恐れをなした天皇は、ヲウスが生きては帰らないであろうと思いつつ、西にいる無礼な一族を鎮圧してくるように命じます。

しかし、皇子は多くの敵をうまく騙して殺してしまい、裏切り者の部族長を出し抜いて、六人の女性のあいだに六人の子をもうけます。そうして彼はヤマトタケルという、大和の勇者にふさわしい名を賜るのです。正史ではヤマトタケルのような英雄は唯一無二の存在ですが、その子孫であると主張する一族はたくさんいます。

やっとここまで来ましたが、以上が二世紀までの正史です。ちなみに、この正史は七世紀まで続き、後に歴史家や教科書に活用されていきます。たとえば巻末の数章は、聖徳太子に関する唯一の記録を含んでいるため、今でも学校で教えられています。しかし、冒頭の物語の数々は一貫性や具体的な裏付けに欠けています。

例をあげると、カミはどうやって他のカミから産まれるのでしょうか。アマテラスは、なぜスサノヲが荒らしまわるような田畑を所有していたのでしょうか。彼女の時代には、稲作や皇室の宮殿があったのでしょうか。神々はすでに地上にいたようなのに、なぜ地球に「降臨」したのでしょう。そして、神武天皇の時代には、ほかの天孫族の子孫らは何をしていたのでしょうか。

記紀の記述は、現実に起きた出来事を記録した年代記であると愚直に受け取って良いのでしょうか。なぜ短期間に記紀という長編の異本が二つも書かれたのでしょう。こうした事柄について、古代の日本人はなんらかの知識があったかもしれないのですが、平均的な現代人が読んでも、こうした疑問に答えることができません。

フトマニはカミの言葉か

一七世紀以降になると、自分たちの起源を知ろうと取り組む日本人たちが現れ、中国の言語や神話とまじる以前の「本来」の日本を明らかにしようと試みました。いわゆる古史古伝は、この追究の一環でした。

古史古伝の研究者らは、他国を敵視しているのではなく、独自の文化としての日本を探し求めており、その多くは「古神道」という考えで日本文化を表現しようとしてきました。それは道教や仏教に埋没する以前の「カミの諸道」と見られるものです。

古神道というのは、繙《ひもと》きにくい課題です。古史古伝のどれかが真実なら、古神道について正確な情報を与えてくれるはずですが、真実でないとすると、頼りとなる文献は無くなるので、ほとんどの研究者は単に個人的な意見を述べているにすぎないことになります。

ほぼ確かだと言えそうなのは、古代の日本人は玉の形をした「タマシイ」という霊魂を思い、そして地球のはるか上にある天なる国を思い描いていたことです。というのも、古事記におけるこれらの描写は中国の神話と似ていないからです。それを抜きにしても、考古学によってただ一つ確認されている古神道の明確な一面があります。それはフトマニと呼ばれるものです。

フトマニは、古事記と日本書紀の冒頭に出てくる神秘的な占いの手法です。イサナミとイサナギが子作りに失敗したとき、地上の国から天上の国へ昇ります。そして、天上のカミがフトマニを行ってどうして間違えたのかを調べようとしました。アマテラスが岩戸に隠れたとき、フトタマの神が占いを行うのですが、これを日本書紀ではフトマニと呼び、古事記には、雄鹿の肩の骨を焼き、現れてくるひび割れを観察したということが記されています。考古学的な証拠によると、古代の日本人は実際にそうした雄鹿を用いた占いを、海外からの移民が渡来する数百年前にも行っていたことが判明しています。

一般的にフトマニは、雄鹿の骨を用いた縄文時代の占いであるとみられていますが、上記の資料を念入りに読み込むと、骨占いとのつながりは明白ではないことが見えてきます。

あとで見ていきますが、**ほぼすべての古伝にはフトマニがなんらかの形で組み込まれているのです。**読み取りの解釈の仕方について説明するものもありますが、どんな類の対象物から占いを読み取るのかを明言している古伝はありません。したがって、フトマニは、骨占いに限られないとみるべきです（注3）。

不思議なことに、古伝以外でフトマニに関して書いているものはほとんどないのです。ですから、古史古伝の由来を疑問視したとしても、フトマニの主要な情報源として貴重であることに変わりはありません。

神代文字はあったのか

カミヨモジは、文字どおり「カミの時代の文字」です。神代文字は（中世以降証拠が現れましたが）、太古の日本のカミは固有の表記法を持っていたという信念を裏付けています。神代文字は、自分たち独自のフトマニをとり行うために必要だったのでしょう。

学界ではフトマニを雄鹿の骨占いと同じものと考えていますが、骨占いの際文字を用いたと書いたものはないので、前述したようにフトマニと骨占いの繋がりは希薄であります。

神代文字の存在を最初に記録したのは、十三世紀に主流となった『釈日本紀《しゃくにほんぎ》』という日本書紀の注釈書でした。フトマニの話に言及した後、肥《ひ》の国（現在の長崎県や佐賀県）から出た神代文字（肥人の字）が、まだ宮中の図書寮にあるかもしれないと述べています。

とするなら、その当時から神代文字は単なる仮説ではなく、今の日本にもまだ存在しうるとみてよいものなのです。

その後一五二七年に清原宣賢《きよはらのぶかた》が書いた日本書紀の注釈書には、「神代文字は隠されてきた。公開されていない文字が一万五千三百七十九文字ある」と記されています。清原宣賢は、学術的な歴史論を書いて尊敬されていた学者ですから、自らの著書に当てずっぽうに虚偽の数字を差しはさむ理由がことさらないのです（注4）。

神代文字はなぜ消えたのでしょうか。近世初期の有名な文献学者である平田篤胤《ひらたあつたね》は、まさにこの疑問について調査しようと、祝詞の旧家である卜部《うらべ》氏から伝承を聴き取りました。卜部氏によると、神代文字は、六世紀初頭までは少なくとも数名の識字力のある長老らに知られていたといいます。

当時は仏教が日本に伝来し、有力な氏族は仏陀を在来のカミよりも強力な外来の霊能者とみなして導入しました。仏教徒としての初代天皇である欽明《きんめい》天皇は五三九〜五七一年の間在位しましたが、**各氏族が秘匿する神代文字を公開させることは無理と知り、廷臣の常盤大連《ときわのむらじ》に命じ、日本の古文書を漢字という統一表記で書き替えさせました。**

そのため、忌部《いんべ》氏のある長老は八〇八年に『古語拾遺《こごしゅうい》』という歴史書を記し、「上古において、文字は無かった。人の言葉と行いは口伝によってのみ記憶された」とわざわざ言明したほどです（注5）。古代文字の存在を知る者があったとしても、それについて書くことは決して許されなかったのです。

その頃から江戸時代まで、日本で教養のある人というのは仏教徒であることを意味していました。そうした人々が、仏教伝来以前の日本に独自の表記法があったという主張を嘲笑するであろうことはよく理解できます。

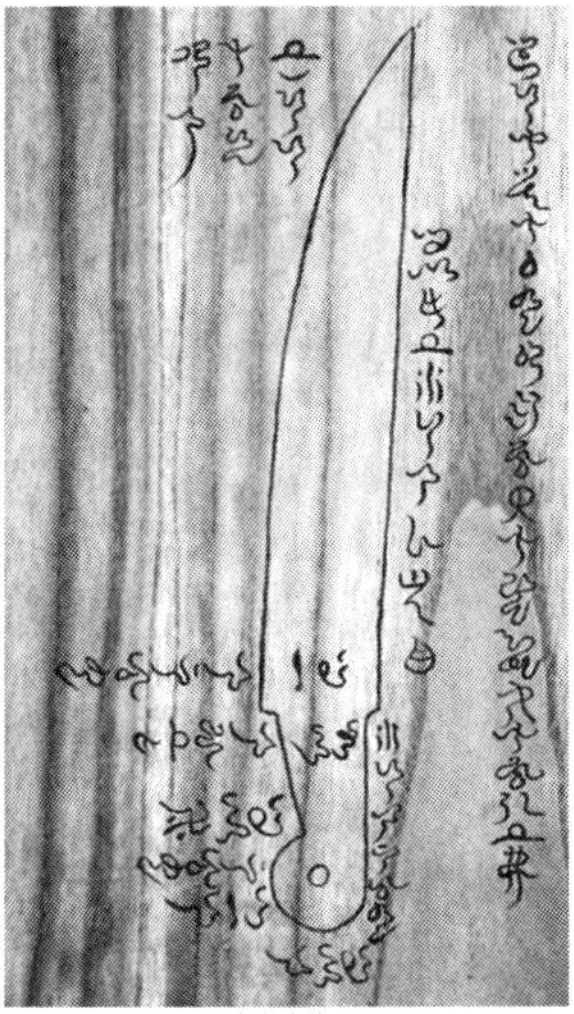
アヒル草文字（大御食《おおみけ》神社の社伝記）

日本の人々は、自国の文字は、地球の「中華の国」を自称している中国から来たものと信じるようになりました。西洋から商人や布教者らが到来したあと、やっと中国がすべての中心であるという誤った考えが解消されたのです。そういう根本的な変化が生じたので、日本の独自性を理解することに新たな関心が湧いてきたのでした。

神代文字を用いた文書は、全国に散在する神社の宝物庫で見つかってきました。一八世紀には既に数十の文書が存在していましたが、それ自体が驚くべきことです。もし神代文字が歴史上根も葉もないものであれば、なぜこれほど多くの人々が神代文字を偽造しようとしたのでしょうか。その理由がわかりません。

一八世紀末葉に、平田篤胤はこれを綿密に調査し大半の文字が偽造であるという結論を出しました。ただし、平田は、一番頻繁に目にした文字をアヒル草文字と名付け、これが最も本物らしいとしています（注6）。

明治に入ると、いわゆる神代文字は偽物とする意見が通説になり、現代の研究者たちも真剣な議論を避けています。

しかし、神代文字があったという伝承は各地で根強く続いており、古代文字が刻まれた土簡あるいは漆字の書かれた竹簡、木簡が多数出土するまでは、真贋論争は続いていくことでしょう（注7）。

第三章

『先代旧事本紀』に隠されていた秘密
――五憲法と十種《とくさ》の神宝が伝えようとしたもの

聖徳太子の編纂か

前章において、日本の神話や正史の文献という通い慣れた分野を歩いてきましたが、本章では、いよいよ古史古伝の世界の探検に乗り出すことにしましょう。しかし、よく知られた道筋から一線を踏み越えて未知の領域に踏みだすわけではありません。まずは、これまで踏み固められた道を離れ、あまり知られていない脇道に足を向けることにしましょう。その脇道は、少数の歴史学者はご存じですが、めったに終点まで歩き通したことのないものです。

その脇道で、古代の日本についての失われた情報の断片を拾い集め、古事記と日本書紀の遺した巨大な穴のいくつかを埋めることができるかもしれません。

もしも、先祖が天の磐船に乗って天上から降りてきたというあの物部氏の記録を入手することができたなら、それは可能になることでしょう。実は、その物部氏と密接なつながりのある古代の文献が、あまり有名ではないが存在しているのです。それは、『先代旧事

本紀』あるいは『旧事紀』とも呼ばれています。最初にとりあげる古代史は、この文献にまつわる謎の中から浮かび上がってくるはずです。

聖徳太子は、初期古典時代の賢者で、朝廷の冠位を定めたり、仏典の注釈書を著したりした人物です。太子は、「日出づるところの天子、書を日没する処の天子に致す。つつがなきや」と書き出した親書を送り、中国の皇帝と肩を並べようとした人物ですね。この親書から、日の出る国、日本という新しい名称が生まれたのでした。

太子はまた、一七条憲法と称する簡明で説得力のある布告を発し、朝廷の官人たちが仏教を尊び、和を重んじ、善行を表彰し、衆知を集めることなどを説きました。言い伝えによると、太子は一度に七人の訴えを聞き分け、温情と正義をもって彼らの問題を解決することができたとされています。ソロモン王のように、太子は天稟《てんぴん》に恵まれた賢者であったのです。

聖徳太子が生きたのは、動乱の時代でした。その時代は、敵対する氏族が土着の神道思想と外来の仏教思想に分かれ、戦闘を辞さない強硬な主張が国内を分裂させかねない状況でした。そのなかで聖徳太子は、対立する氏族や異なる教条によって国が分裂することのないように、全国に共通する規範をなんとか編み出そうとしたのでした。彼が、権威ある国史を編纂して氏族間の教条の対立を解決しようとしたとすれば、そういう意味があったと思われます。

実際、日本書紀には聖徳太子が六二〇年に天皇記と国記を執筆したと記載されていますが、その国史は六四五年の政変（乙巳《いっし》の変）の際に焼失してしまいました。その代わりに日本書紀が編集されたわけですが、かえってそれによって書紀の物語がやや疑わしいものになっているのです。

ところが、**もし太子が編集したという史書の写しを誰かが持っていたとしたなら、興味をかきたてるようなある可能性が浮かび上がってきます**（注1）。偉大な太子なら、古事記と日本書紀の矛盾を解き、古代の伝承の謎に光を当てることができたのではないかと思われるのです。事実、この失われた歴史だと称する文献がいくつか存在し、そのうちのいくつかは、偽史ではないとする学術的な支援材料があるのです。

その文献は、さかのぼると、編集時期によって六二〇年、七一〇年、九三六年、一六七〇年そして一六七九年まで追跡することができます。それぞれ一〇巻本、三〇巻本、三一巻本、三八巻本、あるいは七二巻本として著されているものです。

本章では、このうち七二巻本について精査してみようと思いますが、それは聖徳太子の作と称するばかりでなく、神代の諸文献をまとめたものと主張している点でほかに例を見ないからであります。さらに付け加えると、それは後述するように『日月神示《ひつきしんじ》』という現代の啓示の書とも深い関係があるのです。

記紀の原本があったのか

九三六年のことですが、矢田部公望《やたべきんもち》という学者が、恒例の日本書紀に関する講義の席上で、失われた聖徳太子の国史の写本を持っていると発言しました。矢田部は、さらにこの**『先代旧事本紀』と題する文献は、古事記と日本書紀の原本であったと説明しました。**それが本当なら、日本の歴史は根底からひっくり返ることになるでしょう。しかし、それ以上の詳しい説明は、その後中世に入るまで記録が現れなかったのです。

もし、九三六年の日本紀講義の主催者が、旧事紀の写しを誰かに回し、それが日本書紀よりも古く、もっと正確であると説明していたとすれば、そのことは日本書紀がすでに当時の日本社会にかかる疑問のすべてに必ずしも応えてくれるものではなかったということを意味していたはずです。そのころの日本社会は、急速に変化しつつあり、その上、公式に発表されていた朝廷の歴史年代記に背を向けつつあったわけですから。

ところで、いわゆる聖徳太子の先代旧事本紀は、どんな秘密を隠していたというのでしょうか。学者たちを悩ませてきたのは、矢田部公望が引用した先代旧事本紀と称する異本がこれまで五つを下らないということでした。古伝の出現順に、巻数の異なる写本を調べてみましょう。

旧事紀一〇巻本：九三六年以降広く引用され、中世の写本群のなかにある
旧事紀三一巻本：一六七〇年に出現し、鷦鷯《ささき》伝とも呼ばれる
旧事紀三八巻本：一六七九年以前に存在したといわれ、高野本とも呼ばれる
旧事紀七二巻本：一六七九年に出現し、延宝版とも潮音本とも呼ばれる

旧事紀三〇巻本：一七二〇年代に出現し、白川伝とも伯家本とも呼ばれる

以上の文献は、すべて六二〇年以前に書かれていたと主張していることに注目していただきたいのです。

まず旧事紀一〇巻本を取り上げてみます。これは他の文献にくらべて数世紀も前に知られていたからです。その内容の大部分は、古事記や日本書紀に似ています。ただし、天上界が内発的に生まれたという記紀の記述と異なり、単一のカミが宇宙を産んだと記述しているなど二、三の注目すべき例外はあります。この原初の天神は、次に生き物を産む男女一組を造る前にひとりでに現れたとされています。

また、もう一つの違いは、(天孫の敵対者とされる)ニギハヤヒの物語を詳細に述べている点です。ニギハヤヒは神武天皇と同様に、天神から特別に認められ、不思議な宝物(後述)を一式授かったとされている人物です。

またここで指摘しておきたいのは、現代の学者たちが、旧事紀一〇巻本は偽書であるという間違った烙印を押していることです。この点は、後でいろいろな古伝を検討する際に忘れないでおくことにしましょう。

一八世紀以来、日本の文献学者たちは旧事紀一〇巻本に「捏造文書だ」という攻撃を加えてきたのですが、西洋の著名な日本古典学者は、旧事紀一〇巻本は忘れられた日本の歴史であって日本書紀と古事記に先行するものであると考えています。

そのなかで最も著名な学者、W・G・アストンは、彼が一八九六年に訳した日本書紀に依拠しつつも、旧事紀一〇巻本は「翻訳に値する」と注釈しています。また、ウォルター・ロビンソンは一九五五年にその真正なることを立証し、北イリノイ大学のジョン・ベントレイ教授は、二〇〇六年ついに全文を分析し翻訳しています。

ベントレイ教授の分析によれば、旧事紀一〇巻本は綿密な言語分析テストに合格しており、日本書紀に先行する六八〇年~七一〇年の頃に書かれた模様であるといっています。

しかし、その一〇巻本は完成を見ず、また数多くの写本家によってゆがめられてきたので、数世紀後になって聖徳太子の著したものと間違って流布されたと主張しています。

ベントレイ教授の指摘の大部分を日本の学者たちが認めたとしても、旧事紀一〇巻本の成立年代を今さら公式にさかのぼらせることは、常軌を逸しているようにも思えます（注

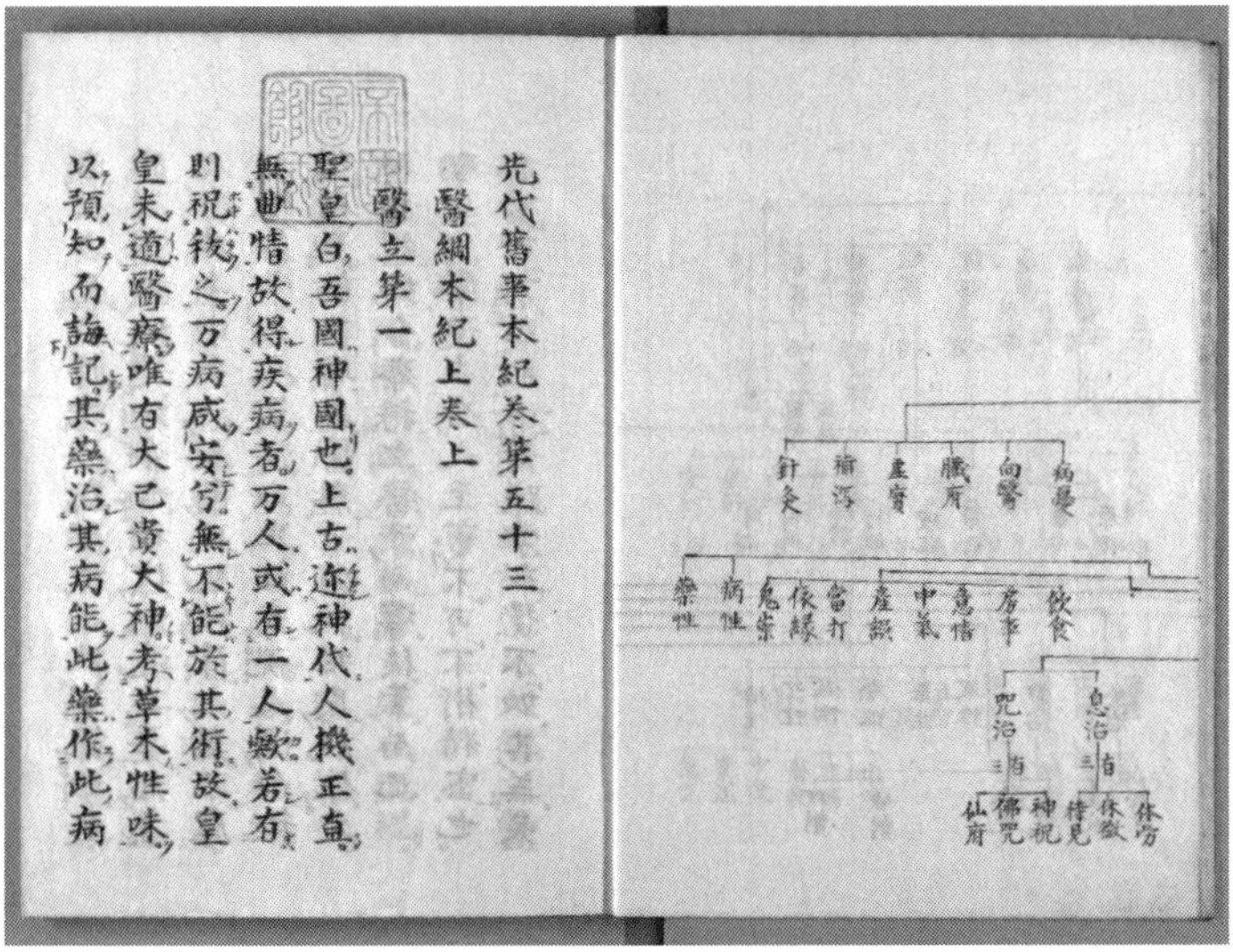
先代舊事本紀巻第五十三
醫綱本紀上巻上
醫立第一
聖皇白吾國神國也上古迹神代人機正真
無曲情故得疾病者万人或有一人歟若有
則祝我之万病咸安穷無不能於其術故皇
皇未遺醫療唯有大己貴大神考草木性味
以預知而論記其藥治其病能此藥作此病

先代旧事本紀（医綱本紀上）

2）。けれども、記紀と旧事紀一〇巻本の三つの史書が、どのようにして編集されたのか、根本から考え直してみる必要があるでしょう。

そうすれば日本書紀の意義が増し、その分古事記の意義が減り、その結果、日本の古代史についての学者たちの見解が定まらなくなりそうです。古事記も、実際、旧事紀一〇巻本と同様の真正性の問題を抱えており、古事記も偽書であるとする学者は今も何人かいます。

ベントレイ教授はじめ二〇世紀の東西の学者たちは、旧事紀一〇巻本が編集された元の『原・旧事紀』を想定することによって、旧事紀一〇巻本の成立年代の矛盾を解決してきました。一七世紀と一八世紀に入ると、再編集されていないもとの原本であるというテキストが、少なくとも三点出現し、そのすべては大成経（完本）という書名を付しています。

言いかえれば、それらは学者たちが探し求めてきた旧事紀の原本そのものと主張しているのです。だが、これらのテキストが世に現れた経緯は、順風満帆のものではありませんでした。事実、これらが出現した経緯をみると、古伝の出現物語という新しい研究ジャンルが生まれそうな気がするのです。

隠者との出会い

一六六七年のことでした。京都の有力な識者で禅の僧侶でもあった潮音道海《ちょうおんどうかい》は、日本書紀にある聖徳太子の一七条憲法について注釈を書き上げたばかりの頃でした。そんなある日、彼の僧坊を池田《いけだ》の逸士《いっし》と称する不思議な小男が訪ねてきました。その人物が何者かは、まったく資料がありません。

「それがしは、貴殿の太子憲法の注釈を拝読したが、もうひとつ僧侶用の一七条憲法があることをご存知かな」と隠者が言いました。

「いいや、聞いたこともないな」と潮音は答えました。

「貴殿がそれを見たところで、必ずや偽書と言うだろうなあ」

そう言ったきり、池田隠者は去っていってしまったのです。潮音は、それを聴いて幾分好奇心をそそられたのです。

その後、潮音は、京極蔵之介《きょうごくくらのすけ》という京都の出版業者で、三一巻本の旧事紀を印刷したばかりの人物に出会いました。どういうわけか、京極は大枚をはたいてその旧事紀の版木を製作していたのですが、ごく少数しか印刷しなかったので、今日では伊勢神宮の宝物館に一部が残っているに過ぎません。

この旧事紀三一巻本は、内容はとりたてて論議を呼ぶようなものではないのですが、さらに別に一〇巻が存在することが明らかとなっています。（しかし、その一〇巻は一般に閲覧できないようになっており、もし公開されたなら四一巻本となるはずのものです）。

なぜ、伊勢神宮が今に至るもこの中世史の文献一〇巻を秘匿し続けるのか理由は定かではありません。

潮音は、池田隠者に聞いた僧侶用の一七条憲法について京極に尋ねたところ、聖徳太子は五つの憲法を書いており、そのなかに日本書紀にあるものと池田の言った僧侶用のものが含まれていることが判明しました。

京極の説明によると、それは最近長野采女《ながのうねめ》という人物が伊雑宮《いざわのみや》で発見した旧事紀の大成経のなかにあるというのです。京極は、潮音に自分の持っていた旧事紀の写しを見せましたが、それだけでは足りないので、長野の大成経をぜひ読み、長野の話を聞いてその重要性を知るようにと伝えました。

この長野という男は、そのころ風変わりな物知り男で、師匠としてもいい加減な人物とみなされていました。大君に仕える傍女《そばめ》を意味する「采女」という名前も、親がつけたのか、それとも自分でわざと意味深な名前に変えたのか不明でした。

潮音はさっそく長野に会ってみたところ、永らく隠されていた太子の記録を教えてくれただけでなく、長野の読解力にも驚き、その後長野の弟子となり、彼から秘教的な教えを受けたのです。

聖徳太子の五憲法は、潮音の支援により、江戸で一六七五年に出版され、広く市井で評判を呼びました。当時、僧侶と神道家と儒者はお互いに軽蔑しあい、教義を否定しあっていましたが、この五憲法には、どの教えも生活に役立ち、我が国には三つの教えが全部必要であって、それは椅子を立てるのに、三つの脚が必要なのと同じようなものだと説いていたのです。聖徳太子は、私利を求めずに国家運営にあたるようにと、この五憲法を特に製作し、神儒仏の間の重大な教義上の対立を解決することを目指したようです。

明らかにその頃、長期間忘れられていた聖徳太子の史書を表に出す時期が熟していたのです。こうして、一六七九年、潮音は長野が伊雑宮で発見した旧事紀の七二巻本全部の出版にこぎつけることができました。その後、さまざまな師匠や僧侶、学者、識者たちも、新しく出たこの古代文献を喜んで迎えました。字句にこだわる文献学者たちは、それまで日本書紀のどの版が正しいのか論争を繰りかえしていましたが、この七二巻本はほかならぬ聖徳太子の手になるもので、日本書紀より古く、より正確なものと主張していたからでした。

ところが、まさにその評判が頂点に達したころ、悲劇が襲ったのです。潮音が驚いたことに、江戸幕府はこの文献の発行を禁止し、偽造と共謀の罪を潮音に科したのです。どうしてこうなったのか、それを知るには少しさかのぼって、伊雑宮について調べてみなければなりません。

伊勢神宮からの反撃

日本の戦国時代は、前代未聞の破壊と荒廃が全国に広がった時期でした。神聖な場所といえども、暴行から逃れることはできなかったのです。寺院は僧兵を訓練し、神社も数多く焼失しました。皇室の神社であり日本で最高の聖所である伊勢神宮すらも困窮し、古代からの儀式を継続することができなくなり、また南と西に位置している神宮付属の三神社を支援し、守ることもできなくなってしまいました。

そのひとつ、伊雑宮は、一五三一年にとうとう九鬼《くき》氏の手に落ちてしまいました。九鬼氏は伊雑官の宮司を殺害し、神社を荒らしまわり周辺の村々を略奪したのです。そのため神人《じにん》とよばれた神社の奉仕者は、お宮の古文書や宝物を自宅に隠し、表に出せる時期を待っていたのです。

一六〇〇年代に徳川《とくがわ》将軍家が権力を握り、戦乱に終止符を打ちましたが、伊雑宮はまだ九鬼氏の支配下にあり、地元の人々は不満を募らせていました。**不平を抱いた神人たちは、社領を返還し神社を再建する許可を与えるよう徳川幕府に何度も直訴しました。**直訴は一六三二年に始まり、年ごとに激しくなり、何人かの神人は遠く江戸まで訴え出ました。その間、九鬼氏は伊雑宮の訴えを無視しつづけ、神社を荒れるままに放置していたのです。

神人たちは、最高の神格を誇る伊勢神宮の奉仕者でもあったので、自分たちの正しいことを強く主張しようとしましたが、幕府も伊勢神宮もあまり面白く思っていませんでした。伊雑宮の周囲の水田は、日本で一番豊かな米の産地であったからです。

実際、この水田からとれる稲穂は毎年伊勢神宮に奉納されており、日本書紀によれば、垂仁天皇の娘の倭姫命《やまとひめのみこと》が天照大神《あまてらすおおみかみ》に捧げるため伊雑宮をみずから創建したと伝えられています。伊雑宮はあきらかに聖なる場所で、相応の扱いを受けるべきものでしたが、他方、伊雑宮を地元に返還すると、強大な九鬼氏から実り豊かな土地を奪い取ることとなります。

伊勢神宮側も、九鬼氏に味方しており、この微妙な状況下では幕藩体制についておくのが無難と考えていました。こうして、九鬼氏も神宮も動かなかったので、十年以上にわたり幕府に対する直訴が繰り返されたわけです。

一六四〇年代の末になって、新たなねじれが生じてきました。

神人たちは、伊雑宮は伊勢神宮の付属の神社ではなく、伊勢神宮の中で一番古く、しかも最高の聖所であると主張し始めたのです。神宮伝奏にあてた一六四八年八月付の願書において、**神人たちは「伊雑の宮は内宮、外宮と並ぶ伊勢三宮の一つであって、内宮奥の院の秘密道場でもある」と主張したのです。**

「伊勢三宮」や「内宮奥の院の秘密道場」という呼び方は、それまで誰も聞いたことがなかったのですが、神人たちは神社の宝庫でみつけた古文書を証拠として提出しました。十年以上にわたり、伊勢三宮説を立証するという古文書が次々に生み出され、幕府と朝廷と伊勢神宮などに提出されました。そうして数々の請願が拒絶されましたが、ついに一六六一年、伊雑宮は本来の所有者に返還されることになったのです。

伊雑宮（三重県志摩市）

ところが、ここで厄介なことが起きました。

自信をつけた神人たちは、宝庫で見つけた旧事紀七二巻本が示す通り、伊雑宮は三宮の中で一番古いものと強硬に主張し、騒ぎ立てたのです。こうして、伊勢三宮説は、全国の識者のあいだに広まっていきました。これに対して伊勢神宮側はただちに異議を訴えたので、ほどなく鉄槌が下されることになりました。一六八一年六月、出版からちょうど二年後のこと、幕府は、旧事紀七二巻本をはじめとする諸文書は、神人たちの資料に基づき長野采女と潮音道海が偽造したものという裁決を下し、二人を処罰したのです。

幕府が恐れたこと

これに対して、潮音と長野は引き下がりませんでした。

誰が何と言おうと、旧事紀七二巻本は真正な古文書であり、また長野采女は伊雑宮に雇われた者ではないと主張したのです（注3）。そこで再び、幕府はさらに厳しい処分を下しました。長野と彼の一家は、遠隔地に追放され、のちにそこで死亡することになります。潮音は、幕府の大奥に縁故があったので、厳しい処分を免れることができたけれども、二度と七二巻本について口を開くことはありませんでした。旧事紀七二巻の刷本と版木は焼かれてしまい、その全文が部分的な写本をもとに再現されたのは二〇世紀に入ってからでした。

ところが、話は偽造に関わったとされる人物を処罰するだけでは終わりませんでした。それればかりでなく、幕府は旧事紀を用いることも禁止したので、文献を引用することすら許されなくなったのです。

このようなことは、日本だけではありません。西洋の偽造文書、たとえば四世紀のローマ皇帝コンスタンチヌスが布告したという偽造の勅令などにも起きたことでもあります（注4）。

幕府は、文書そのものを発行禁止にするだけでは足りず、その事件について議論することすら波及効果を恐れて禁止したのです。こうして旧事紀に対する検閲は、幕末まで一五〇年以上も続いたのでした。

ところが、旧事紀七二巻本の出現は、かえって新たな分析の地平を開くことになりました。

というのは、一七三六年、神道家で尾張《おわり》徳川家の近侍でもあった吉見幸和《よしみよしかず》が、伊勢の外宮ではその祭神を派手に持ち上げるため鎌倉時代から継続的に文書偽造を行っていたこと、そしてそのため伊勢神宮の性格が変わってしまったことを結論付けたからです。

その後ほどなくして、吉見幸和は旧事紀一〇巻本の原本も、外宮の地位を引き上げるために偽造されたものという見解を発表しました。この不確かな偽造説は、あきらかに旧事紀七二巻事件の余波として広まった熱狂的な偽造論議から生まれたものでした。

たしかに、**聖徳太子が書いたという旧事紀一〇巻本の時代錯誤の序文は、あきらかに外宮の関係者によって追加されたものでしたが、本文そのものはそうではなかったのです。**

しかし、本文すらも偽造という昔ながらの誤解は続いたのでした。

一七六三年、本居宣長は、潮音の例と同じように、日本書紀に先行する古い文書を発掘したと発表しました。本居の発見した古文書、つまり古事記について幕府はなにも言いませんでしたが、そのあとどういうことが起きるのか、幕府は予見することができなかったのです。

本居の古事記解読は、日本史において特筆すべき業績とみなされていますが、こののちに彼のもとに国学者たちが結集し、古代史の研究を通じて、天皇を中心に国民が結束するという日本の新たな自画像を造りだし、やがて近代日本を建設することにつながっていったからなのです。

それから数十年後、偽造論議が終息したころ、奇妙な出来事が起きました。旧事紀について公に議論することは禁止されていたのですが、**一八世紀になって白川家《しらかわ》が家伝の古文書（旧事紀三〇巻本）を仲間内で回覧し始めたのです**（注5）。白川家は、この旧事紀こそが聖徳太子の書いた真正なもので、長野は恥知らずにもこれに改変を加え、長野自身の予言や哲学を折衷的に挿入したのだと主張しました。しかし、幕府の監視の目が光っていたので、その文書が印刷されることはありませんでした。今日では、少数の支持者たちがその写本を部分的に持っているに過ぎません。

偽書説は崩れた

言うまでもないことですが、御用史家にとっては、幕府の捏造判決に味方することは簡単なことです。しかし、捏造説はあまりにも単純な見方であります。というのは、前述したように、旧事紀七二巻本は一七世紀に出現した旧事紀テキストのうちのひとつにすぎないからです。

また、旧事紀三一巻本のほかにも、歴史だけ記述した三八巻本を高野山の僧侶が持っていました。それは、現存していませんが、河野省三《こうのせいぞう》博士は旧事紀七二巻本の歴史の部分として引用されたものと考えています。そうすると、次のような推測が生まれることになりそうです。

一六七〇年代に少なくともこの二種類の旧事紀の写本（三一巻本と三八巻本）が出回っていたとすると、もっと多種類の写本があったのではないか、という推測であります。思い出していただきたいのは、旧事紀一〇巻本は、「捏造」判決にもかかわらず、有益な情報を含んでいると今も広く認められていることです。しかもそれは、古代に存在した文献に基づいて編集されたものと考えられています。とすると、旧事紀七二巻本も、同じような方法で（何らかの原本に基づいて）編纂されたものではなかったでしょうか。

潮音と長野による出版物（七二巻本）は、ほかのものとは全く異なる性格のものであることは明らかです。そのテキストの歴史の部分は正確性に欠けますが、他の部分は正確で、それだからこそ学者たちに高く評価され、幕府や神宮側に非常に危険視されたのではないでしょうか。この点について、二〇世紀の古史古伝研究者後藤《ごとう》隆《たかし》は次のように語っています。

「誤解を避けるため、今言っておきたいのは、私は、潮音本の歴史記述としての価値を評価するものではないということである。私が言おうとしているのは、七二巻本には歴史記述をはるかに超える別の優れた価値があるということである」

古代天皇の秘密の教え

旧事紀七二巻本の序文によると、聖徳太子は神代以降の記録が欠けていることを懸念し、諸氏族が保持している記録をすべて提出するよう要請しました。祭祀にかかわる忌部氏と卜部氏は、太子の求めに応じました。

忌部氏と卜部氏の報告を受け、（縄文時代の陶片を思わせる）土簡《はにふだ》に神武天皇以降の記録を記したものがあり、その中にはカミから神武天皇に渡され、神代文字で書いたものがあるということがわかりました。忌部氏らの案内で泡輪《あわ》神社なる場所を訪ねてみると、地下に多数の土簡が埋められているのを発見したのです（注6）。

こうした土簡の記録と皇室に保管されていた文書を調査した結果、太子は神話の世界に潜んでいたメッセージや条理を理解することができました。神代の出来事は単なる物語でも因果話でもなく、当時活動していた人々も永遠の真理を識別する能力を持っていたことを示すものと理解したのです。いわゆる太子の序文は、こんな風に書かれています。「この世は、出来事によって道が作られていく。したがって、それを論じなくては道を修めることはできない」

例えば、天照大神が岩戸に隠れたため暗闇が地上を覆ったという神話は、「天上の叡智」に欠ける君主は、かならずや国を闇のなかに突き落とすだろうという真理を物語るものであり、思兼命《おもいかね》が天照大神を外に呼び戻そうとして長鳴き鳥に鳴かせたという話は、早朝に鳥の鳴き声とともに太陽が昇るという自然の法則を心得ているものが成功するという原理を示していると考えたのです。

太子は、これらの記録から正しい統治の仕方を学び、その原理に基づいて五組の一七条憲法を制定したとされています。そして、後世のためにそれを漢文でまとめさせたのでした。

だが、太子が生きていたのは、歴史が歪められ退廃した時代であったので、それを出版しても必ず妨害にあうだろうと太子は考えました。旧事紀七二巻本の序文で、太子は次のように慨嘆しています。

この頃の史家は、秘したり、偏ったりしていて、しかも私心なく記すということがない。それで時とともに、本来の事実は滅び、後世の嘘が次々と生まれてくるのだ

（近世之史家、或祕或偏、而不得無私。然即本之實隨往亡、末之虛隨過今生也）

そういうわけで、完成した旧事紀七二巻本は、五十宮《いそのみや》と三輪神社と天王寺の三か所だけに保管されることになりました。その当時、おそらく伊雑宮はこの五十宮の一部だったとみてよいでしょう。

旧事紀七二巻本は、神代から諸天皇の時代を経て、六二〇年（聖徳太子が天皇記、国記を編纂した年）に至るまでを記録しています。歴史記述の末尾、つまり三五巻から三八巻にかけては、太子の聖人伝が書かれていますが、これは太子の葬式を含む伝記ですので、太子が旧事紀全体を書いたというのは変ですね。

しかし、七二巻本の後半になると、非常におもしろくなります。六二〇年当時に用いられていた古代の叡智がまとめられており、古代の原理に基づいた教えも掲載されているからです。たとえば、**四七巻と四八巻において、フトマニと呼ばれる占いの手法が描かれ、六一巻と六二巻には古代歌謡が収録され、六九巻には太子の予言が載っています。**

この予言書は、近代の歴史や第三次世界大戦を予告しているとみる人もいます（注7）。五三巻から五六巻にかけては、古代の医療について要約されています。そのなかで、病気は不正直と不実の気質によって引き起こされるが、神代の人々は正直で率直であったからまったく病気にかからなかったこと、もし病気になった場合は癒しの言霊《ことだま》発声などの方法により浄められ、すぐ回復できることなどが書かれています。

宇宙を構成する五要素

旧事紀七二巻本は、ほかの巻本と同じく、単一の天神が宇宙を産んだというところから始まっています。「原初の天神は無窮の宇宙を支配し、天神の前にはなにも存在せず、天神は形を持たない」とされています。この天神は、世界のあらゆるものを産みましたが、それは物質世界に限ったことではありません。物質よりももっと重要なのは、思想、言葉、さまざまな思念といった非物質的なものであるとされています。そして、**非物質的な世界を構成する要素は、五鎮と呼ばれているのです**。すなわち、

神（かみ）
心（こころ・精神と感情の合体したもの）
理（ことわり・ものごとの原理あるいは本性）
氣（いき・生き物の生命エネルギー）

境（みのえ・感覚世界を区別する境界あるいは境地）

旧事紀七二巻本によれば、宇宙の創成には、絡み合ってはいるが安定したこの五要素が関係しているといいます。時間と空間の世界では、「神」はわれわれの「心」を通じて姿を現すので、人間はみな心を通じて神とつながっているとされています。心からいろいろな「条理」や本性が生まれ、多彩な本性から行動に向かおうとする意欲、つまり「氣」というものが生じます。

氣が動くと、感覚的な体験が生じ、諸感覚の区別も生じてきます。こうして、幸福と苦痛の体験がはっきり分かれ、生と死も体験的に区別されることになります。そして、最後に、不思議なことですが、正しい瞑想によってこれらの感覚的な「境界」を超えると、ふたたび神にまみえるというのです。

旧事紀の文章によると、「神」は生きており、「心」が支配し、「理」がいきわたり、「氣」が運を決め、「境」が形を造りだすといっています。これらの五鎮の関係の微妙な変化によって、われわれの生命が造られているといいますが、このことは実際に何を意味しているのでしょうか。

旧事紀七二巻本が発禁になったあと、その注釈書をひそかに著す者はわずかでしたが、その中に依田貞鎮《よださだしず》という神道家がいました。彼の書いた秘密の注釈書には錬金術風のシンボルやピタゴラスの定理の証明が含まれていますが、彼の五鎮の解釈は、なかなか理解しがたいものです。たとえば、「心は霊が体となることを認識し、明と虚の二つの相を持つ」という文章があって、私はこの意味を解こうとしましたが、結局、私の力では文意を深くつかむことはできないと気づきました。

よって、依田の描いた「あらゆるものに存在する心（心在万物）」の図を掲げておきましたので、読者の推理にゆだねることにしましょう。この「普遍の心」について説明した二〇世紀と二一世紀の書物をみても、私より深い理解に達しているとは思えません。しかしながら、この五鎮という要素については、もう一つの現代の文献、『日月神示』にも登場していますので、本章の末尾にこれについて説明することにします。

五鎮の奥深い意味をつかめない私のような者を思ってくれたのか、聖徳太子は今も残っている神道、儒教、仏教という三つの伝統のあることを示し、神、儒、仏は、別々でなく一体となって毎日の生活を導いてくれるものであり、この三つを総合すれば五鎮の意味が解ってくるといっているようです。

すなわち、儒教は現世において幸福で豊かな人間関係を築く方法を教えてくれ、仏教は死後の生活も含め将来に対する前向きな姿勢を保つ方法を教えてくれるというのです。この二つの教えに衝突はなく、神道を根本とすれば儒教は枝葉、仏教は花実のようなもので、いずれも日本社会において果たすべき相応の役目を持っているといいます。

心在万物の図（普遍の心を示す）

中世の日本においては、この三つの教えのなかに矛盾しうる芽があるとしても、それぞれの教えの洞察をすべて受け入れ尊重しようとする態度がみられます。またこの三つの道がお互いに補完し合ってより高次の真理——均衡のとれた新しい正統なる信条を生みだすものと考えられていたのです（注8）。

神道の三つの道

仏教と儒教の道は、それぞれ三つの区分に分けることができます。

仏教は、仏と法と僧に分けて説明され、儒教にあっては君臣の道、親子の道、夫婦の道に分けて説かれています。神道は、はっきりした三つの区分はあまり知られていませんが、**旧事紀七二巻本によると、やはり三つの区分——宗源《そうげん》、斎元《さいげん》、霊宗《れいそう》の道があるといいます。**

それは、記紀の時代以前にはお互い対立しており、その後は秘密の教条として少数の人に知られていましたが、七二巻本の出現以来、急に話題となりました。

神道を三区分に分ける見方は、一五世紀の『唯一神道名法要集』という書物のなかで最初に登場してきています。これは、密教風の神道をやや漠然と説いた室町時代の手引書で、三種の神道のうちの一つと称する宗源神道について解説しています。

その書物では、出典を明らかにしていませんが、ある秘密の文献に基づいているといい、「宗」とは、森羅万象は「一気未分の原始の元神」に帰すという意味であって、「源」とは

「和光同塵の神化を明かす」という意味にとらえています。

残りの二つの道とは、本迹縁起《ほんじゃくえんぎ》神道と両部習合《りょうぶしゅうごう》神道と呼ばれていますが、詳しい説明はありません。この三区分についてはもっと説明があってしかるべきですが、この手引書が伝えようとした三区分の深い意味は、中世に通暁した現代の注釈者にもわからなくなっています。

ところが、旧事紀七二巻本をみると、三つの区分は厳密に定義されており、天地人という道教の三区分と対応しているように見えます。同書において、宗源神道とは卜部氏が追究してきた天上の七神への道であり、前記の宗源とおなじものです。これに対して、卜部氏に対立してきた忌部氏は、地上の五神を崇拝する斎元神道を唱えてきました。

三番目の神道は、霊宗神道と呼ばれ、皇祖の教えを学ぶもので、天と地の間にいる人の道として阿智《あち》氏が創始し、聖徳太子が提唱したものとされています。**霊宗神道は、宗源と斎元を「統合」したもので、日本民族にとって正しい、無私の道であるとされています。**

現代の解説者である後藤隆によると、この三区分は、過去の神々に崇敬を向ける場合の三つの異なる手法を示すものであるといっています。つまり、この世に背を向け、天上の神々のみ崇拝するのが宗源神道であり、目に見える宇宙を崇敬し地上のものに敬意を払うのが斎元神道であるといいます。これに対し、霊宗神道では、目に見えるものと見えないものが調和を保ちつつ存在する世界、いいかえれば精神と物質が相互に働きあう人道の世界を扱っているといっています。

太子の国造り八五か条

旧事紀七二巻本を出版する前に、潮音は『聖徳太子五憲法』と題する本を出版していました。これは七二巻本の第七〇巻目にあたるものでした。

旧事紀七二巻本のある部分が捏造であるとしても、この五憲法は真正なものに違いないと信じている研究者もいます。この五憲法は、旧事紀七二巻本の中でいちばん有名な部分なので、ここで若干詳しく説明しておきたいと思います。

日本書紀では、単一の一七条憲法を制定したのは聖徳太子であって、これにより朝廷の官人たちが国の平穏と繁栄をもたらすためとるべき行動の指針を説こうとしたとされています。一七条憲法を読むと、太子が仏教と儒教に精通していたことがわかり、さらには**太子が漢語の概念を用いながら周到に概念を理解させる新しいやり方（象徴品目になぞらえるやり方）を独創的に発明していたこと**もわかり、その意味ですばらしい文献といえるものです。

この憲法の全一七条を、W・G・アストンの訳に従って以下に要約しておきましょう。

1　和を尊び、論争をさけよ
2　仏法僧の三宝をうやまえ
3　地は天に従うように、君命に従え
4　諸臣は礼をもって行動し、軽はずみな行動をとるな
5　訴えは法に従って公正にさばき、賄賂をとるな
6　悪を懲らしめ、善を勧めよ。忠節を奨励せよ
7　各自の任務を全うし、他人の仕事に干渉するな
8　早朝出勤し、夜遅く退出せよ。仕事を残すな
9　諸臣はお互いに信頼し合え

10　自分は賢で、人は愚と思うな。怒りを鎮め、静かに対処せよ
11　賞罰をあきらかにせよ
12　ひとりの君主に仕えよ。臣下や国造は、民を搾取するな
13　新任の官人は、仕事を熟知し、前任と同じく仕事に励め
14　自分に勝るものに嫉妬するな
15　私心を捨てて、公務にあたれ
16　冬の暇な時に民を使い、春から秋は民を用いるな
17　大事は、一人で判断せず、衆議にかけよ

この一七条憲法の教えと二一世紀の日本の職員の行動は、実によく似ていますが、それは偶然の一致とみるべきではないでしょう。一七条憲法は、いま学校で広く教えているわけではありませんが、日本の公務員や民間の職員も共有している諸価値について述べており、これによって日本は政治的、経済的に成功してきたのでしょう。

この憲法の条文が「人民（百姓）」の関心を、公的な関心ときちんと区別して取り上げていることに注目していただきたいと思います。官人たちは、公平な裁きをする場合、私

利を図らず、国に代表される公の利益を優先するよう求められていたのです。同憲法には、官人は「人民の代表」であるとも、人民に「義務」を負っているとも書いていません。

官人の義務は国家そのものに対するものであり、その義務を名誉と心得、誠実に遂行するため、日々国に対し奉公していたわけです。だが、なぜ彼らが正確に義務を果たそうとしたのかについては、日本書紀版の一七条憲法には説明がありません。その疑問に答えるのは、五つの憲法なのであります。

旧事紀七二巻本では、聖徳太子の一七条憲法は通蒙《つうもう》（官人）に対するものであって、一七の重要な象徴を用いて組み立てられていると説明しています。**この象徴とされるものは、七二巻本で初めて登場したものです。さらにまた、太子はこれら一七品目の重要な象徴ごとに四つのまったく新しい意味付けを与えています。**僧侶用、儒士《じゅし》用、神職用と政家《せいか》用の四つの意味付けであります。

こうして、通蒙用の憲法を加えると、全部で五つの憲法そして八十五個の条理がそろうことになります。次の表に示したのが、五憲法を組み立てるのに使った象徴品目です。これらの象徴品目は、一七条とほぼ同じ順番に並べられており、比較していただくとよいでしょう。ただし、第二条は修正され、最後に並べられています（注9）。

太子の一七の象徴品目（七二巻本の第七〇巻より・注10）

象徴	説明
琴	琴は、心をなぐさめ、情緒を鎮めるもの。心が静かであれば、理屈を超えて人々の強い情緒に浸透していく。よって、琴は波立つ感情に邪魔されない平和な心を象徴する。（和）
斗	北斗七星のこと。その動きは、天の法則に従うので、北斗七星は、人間の意志よりも天の法則に従うことをいう。（順）
月	月は太陽の光を受けて輝き、太陽から離れるにつれて輝きを失う。よって、月は社会における自分の位置をわきまえ、返答する時をわきまえ、上位のものを尊敬することを意味する。（礼）
台	物見台にいる監視人は、個人的な用事や利己的な欲を離れ、いつも監視を続けている。また、防護すべき対象を深く敬愛しているので、物見台は、防護者、監督者の道を意味する。（政）

鏡	鏡は、あらゆるものを歪みなく写しだし、光らせる。鏡を眺めれば、物のありさまをそのままに見ることができるので、鏡は悟りへの道。（智）
竹	竹は横に並べると重さに耐える。竹は強さを象徴し、無私の心で働くので、偉大な仕事を成し遂げることができる。よって、竹は奉仕の道。（官）
冠	太子は一二の冠位を定め、それぞれの冠の形を決めた。冠は己の力をわきまえ、専門分野で仕事をすることを意味する。よって、冠は位階の道。（位）
契	契約は、正義、徳義、叡智などをうみだす聖なる規約である。契約はお互いが結んだ事柄に信頼することを象徴するので、よって信頼への道を示す。（信）
龍	中国の龍は巨大ないきものであるが、性格はやさしい。力は強いが、諸国民の友である。龍は、よって謙遜の道を示す。（謙）
花	蓮の華は咲くと美しいが、しぼむ時期は天命により定められている。人は、命が生まれ、やがてしぼんでいく流れをわきまえなければならない。よって、蓮の華は、物事のたどる道を示す。（事）

日	太陽は分け隔てなく温かみや明るさ、力を添えてくれる。天の下に生ずるものは、すべて太陽に照らされている。指導者たるものは、太陽のようにふるまい、すべてを眺めてから全体の利益のために行動しなければならない。よって、太陽は指導者の道。（主）
車	車は、所有者が大事に扱うなら、ものを運ぶに都合の良いもの。車輪を修理しないままだと、バランスを失い、かえって邪魔になる。車は、よって持続、平衡の道。（司）
地	地は天をねたまず、天の下におとなしくしている。地は、私利を抑える徳を持っているので、徳義の道を示す。（徳）
天	諸天は上にあると思われているが、実際は宇宙のすべてである。あらゆる存在と一つであるので、天は無私を象徴する。（公）
水	水は、夏に沸き、冬に凍る。四季にあわせて自在に動き、容器に応じ形を変える。よって、水は有用の象徴。（時）
籠	籠は大から小までさまざまあり、量を測り、大小を区分けすることができる。よって、籠は品物の象徴。（品）

鼎

中国の鼎は、三本の脚がある。二本では立たない。日本には、同じく三つの伝統、神、儒、仏の道があり、このすべてが実行されねばならない。よって、鼎は法則を示す象徴。（法）

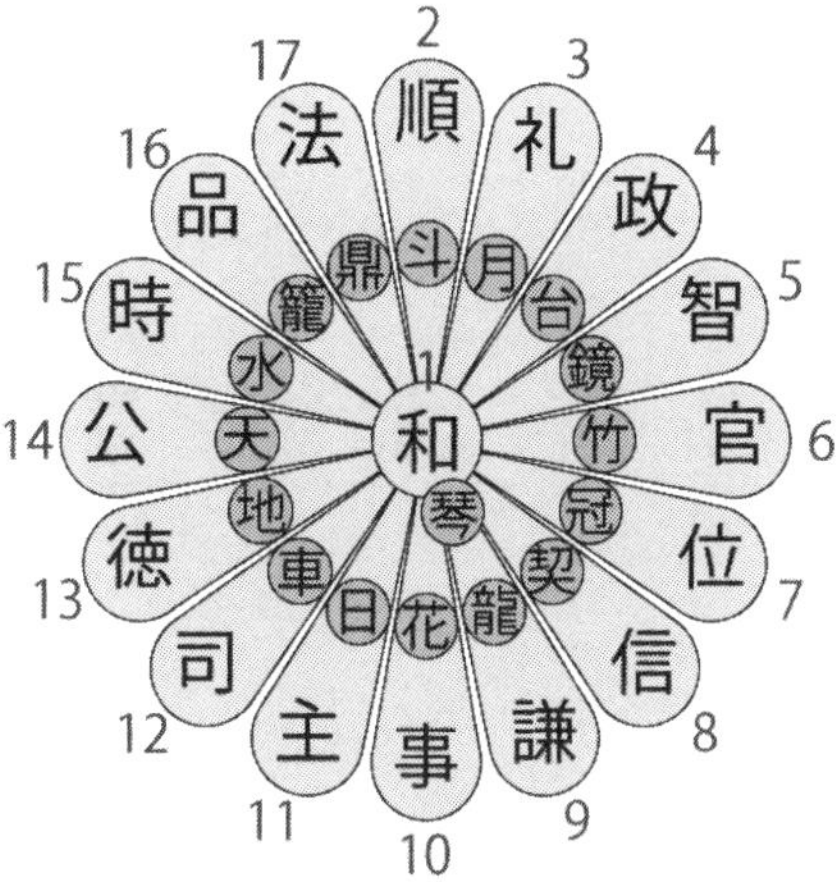

菊としてイメージした17の象徴品目

注目してほしいのは、**これらのすばらしい象徴の多くが、利害関係を持たないことを徳義とし、私利を求めてはならないとしていること**です。こうした考えは、なじみが薄いかもしれませんが、ユリウス・エヴォラがまさにその「活きた国家」論（organic State）のなかで定義していたこととそっくりなのです（注11）。

良い社会の約束事

エヴォラは、本当に「活きた国家」というのは、政党もないし派閥もないと述べ、次のように言っています。

「活きた国家の代表者あるいは代表たる資格のあるものは、何らかの天命に従って治める者、ないしは特別の政治的な任務を帯びた階級の者でなければならない。その代表者は、国家の中に別の国家（政党や派閥）を造るのではなく、国家の枢要な役職を保護、強化することに重きを置き、またある特定の教条を擁護するのではなく、国家の純粋な理念を誰でも行えるような方法で自ら体現するようでなければならない」

エヴォラが前記の五憲法を読んでいたなら、きっと元気づけられたことでしょう。

五憲法においては、上位者と下位者の関係を健全なものにすることにも焦点を当ててい

ます。この点も、またエヴォラが述べていたこととそっくりです。

「どんな怒りや社会の競争が押し寄せようとも、人は生涯における自分の立場をわきまえ、大切にすべきであって、そうすれば自分の潜在能力を発展させるうえで限界をわきまえ、自分の生涯に「活き活きした感覚」を付与し、完成を目指して進みいくことができよう。自分の役割を十全に果たしえた職人は、間違いなく、その権威を使いこなせなかった国王より優れているのである」

まさに、こういう態度であったからこそ、昔の人々は生活の面でも精神の面でも豊かな生涯を永く続けることができていたと、エヴォラは引き続いて語っています。

このように進歩の速度をゆるめ、今置かれた状況に感謝するという徳について、仏教徒や古典時代の哲学者たちも教えています。

また、エヴォラは、こうも書いています。

進歩というのは、『成功に到達』しようと競争することにあるのではなく、自分に向いていない地位を得るため仕事を増やすことにあるのでもない。『退け、だが動くな』というラテン語の教訓（substine et abstine）は、ギリシャの古典世界のすみずみまで響きわたっていた格言である。『余分なものは何も無い』というデルフォイの神託があるが、それは、順序立てて物事を熟慮すべきということについて語っているという解釈もありうるのである。

これらの約束事を忘れないでおくことが伝統の安定につながるとエヴォラは考えていました。社会の約束事は次々忘れられていくので、われわれは環境的にも社会的にも「均衡を失した生活」を招いてしまったと彼は指摘しています。

旧事紀七二巻本は、同じような約束事を記載しており、それを忘れた場合にどうなるか、結果を述べていませんが、旧事紀が出現した近世の頃は、同じ問題が点滅していたことに気づいていたに違いないと思われます。

神儒仏の調和

五憲法にある五つの意味の説明は、前記の表にまとめたものよりずっと詳しいのですが、異なる伝統（神儒仏）の調和を図ることに焦点を当てています。また、日本書紀にある一七条憲法の意味を広げるとともに深めてもいます。

ここで、その一つの例として第一四条を取り上げてみましょう。それは、私事を離れて公事に向かうという興味深い考えです。旧事紀七二巻本では、第一四条は「天」になぞらえていますが、日本書紀では、それに相当する箇所が次のように記されています。

「私を背《そむ》きて公《おおやけ》に向くは、これ臣の道なり。およそ、人、私あるときは、かならず恨みあり。恨みあるときは必ずととのはず。ととのはざる時は公を妨ぐる。恨み起こる時は、制《のり》に違ひ、法《のり》を破る。故《か》れ、初めの章にいへらく、上下和しととのふといへるは、それまたこの情《こころ》かな」

旧事紀七二巻本の官人向けの通蒙憲法第一四条は、これと少し異なるだけです。

「私に背《そむ》き公《おおやけ》に向うは、是れ臣の道なり。およそ人、私あれば必ず恨みあり、恨みあれば必ず非を作り固《まこと》を失う。固《まこと》に非ざれば則ち私を以て公を妨ぐ。恨み起こらば則ち制《のり》に違《たが》い、法《のり》を害す。之れにより、私を推す者は、君を君とし臣を臣とす。故に、古典《ふるきふみ》に云わく夫子の道は忠恕《ちゅうじょ》のみと。それまた是の情《こころ》か」

「天」というのは、七二巻本によれば、普通に考えられているように物事の上にあるのではなく、物事とともにあるものです。したがって、私利を離れ公平に判断を下そうとするなら、利己心と優越心を捨て、下位の者と心を一つにし、彼らのためだけを思って同情を寄せること、すなわち儒教で「忠恕」といっていることを実行しなければならないのです。

この説明が示しているのは、私利を離れ公の原則を認めることは、冷淡になって面倒を見ないということではなく、その反対に、自らの偏見を去り、真の正義を生み出すということなのです。事実、潮音の弟子であった石田一鼎《いしだいってい》によると、温情ある上司は、精神的規律を厳格に守っているからこそ温情をかけることができるといっています（注12）。

これに対して、為政者向けの政家憲法第一四条では、公に向かう態度は、世界に向かう態度であり、突きつめれば聖なるものに対する態度に他ならないといっています。さらに、官人に対しては、自分の目的を果たすためではなく、大君のために政務を円滑に執り行うことを目的とせよ――これは、今日の政治家にも当てはまることですが――そして大君は自分のためでなく天のために働くものであると語っています。そうなれば、秩序は調い世界に充満するとこの条文は告げています。

日本書紀は、「公に向かう」とだけ記していますが、七二巻本では、「公」は最終的には聖なるものに向かうと認識されています。そして、大君は聖なるものの意思を遂行するものと位置付けられているのです。

同じように、エヴォラもまた、指導者は「人間を超え、かつ人間でない何かが輝くことが求められている」と書いています。

釈子憲法の第一四条には、仏陀は聖人の中の聖人であり、法《ダルマ》は真理の中の真理であると記載しています。したがって、僧侶は私見を交えてはならず、仏陀の伝言を過剰に説明してもいけないといっています。

神職憲法では、国の基は宗源神道つまり天の条理にあるのだから、公の祭祀において天《てん》神地祇《じんちぎ》はじめ古代の神々を祀ること、そして祖霊を祀らなければたたられるという誤った信念に基づいて自殺者や非業の死をとげたものたちの霊を祀るという習慣はやめさせるべきということも説いています。以上の条文は、伝統を保持するとともに、私利を交えて伝統を汚してはならないことを強調しているように思われます。

これに比べると、儒士憲法の第一四条は、非常に奇妙なものです。私事を遠ざけるという孔子の教えをはっきり説明するかわりに、太子は儒家に厳しい警告を与えています。条文は、解説者により訳が異なりますが、全文を掲げておきましょう。

「学を為す者、すべからく先儒を学んで、後儒に依らざるべし。先儒は鬼神を見て、黄泉を知る。これ、古史の載《の》するところ。故に人伏して逸《ほしいまま》にせず。吾が神に背かず。然るに、後儒は、鬼は帰なりと会得して野土に帰するを謂い、神は申《しん》なりと解して空虚を言う。未だ帰極の鬼と申元の神とを察せず、大に鬼魂冥府を撥《ひらきやぶ》る。ああ、ただ、古史を破り、天有を破り、人極を破り、鎮実を破り、政元を破る。これ、傍《かたわ》らの神仏に挑んで、政を顧みざるなり」

この文章から、七二巻本における太子は、儒学者たちが最古の尊重されていた先儒の文献にもどるなら、祖霊と死後の世界が存在するという原初の真理を見つけるだろうと確信していたことがわかってきます。(西欧の学者たちも西欧の古典に帰れば、同じような真理をみつけることでしょう)。七二巻本の多くは、この形而上学をずっと織り込んでいますが、その中には、ヒフミ歌のような日本の秘教学に多大な影響を及ぼしてきた文章も含まれています。

ヒフミ歌と十種の神宝

旧事紀一〇巻本は、古代の伝承に基づいていると大方が認めていますが、その中に「ふる祝詞《のこと》」あるいは「ヒフミ歌」と呼ばれる独特の伝承があります。

ニギハヤヒが地に降りようとするとき、アマテラスとみられる「天孫」が彼に十種の宝物を授けます。「おきつ鏡、へつ鏡、八束の剣、いく玉、たる玉、まかるがえしの玉、おろちのヒレ、はちのヒレ、くさぐさの物のヒレ」の十種の宝物でした。

伏見稲荷神社にある十種の神宝

そのとき、もしニギハヤヒの体に痛むところがあれば、あるいは大切な臣下が死ぬような時があれば、この十種の神宝を身にまとい、それを前後に振りながら「ひふみよいむなやこと」と唱えよ、そうすれば、死んだ者もよみがえるであろうと告げられました。原文では、つぎのようになっています。

「ひふみよいむなやこと、ふるべ、ゆらゆらと、ふるべ」
(一二三四五六七八九十　布留部　由良由良止　布留部)

旧事紀一〇巻本によれば、神武天皇がニギハヤヒの子孫を征伐したとき、神武はこの十種の神宝を譲渡されました。そして、七世紀においても、毎年一一月になるとこのヒフミ歌が、宮中において歌われていました。**この話は、旧事紀一〇巻本の記録のうちで、おそらく最も後世に影響を与えた部分でしょう。**

平田篤胤は、アマテラスが天の岩戸から出てくるという物語について解説していますが、そのときウズメが歌ったのが、この歌であったと述べています。さらに、平田によれば、この歌はもともと岩戸に隠れているアマテラスの関心を引こうとしたものだったが、のちに日本語の一から一〇までの数字に割り当てられたと述べています。

物部氏の文庫で発見された一八世紀以降の数文献をみると、十種の神宝の秘教的な意味が述べられ、その図象が描かれています。それぞれ、前後五つの区分に配置され、陰陽のシンボルが含まれています。しかし、これらの図象の意味合いは、今日では、不明のままです。

十種の神宝の三図（一八世紀のもの）

ヒフミ歌は、アラビア数字の順番に沿って右から左に読んでいきます。ローマ数字の行は、各行ごとに三種類の写本による図を示しています（次頁図）。

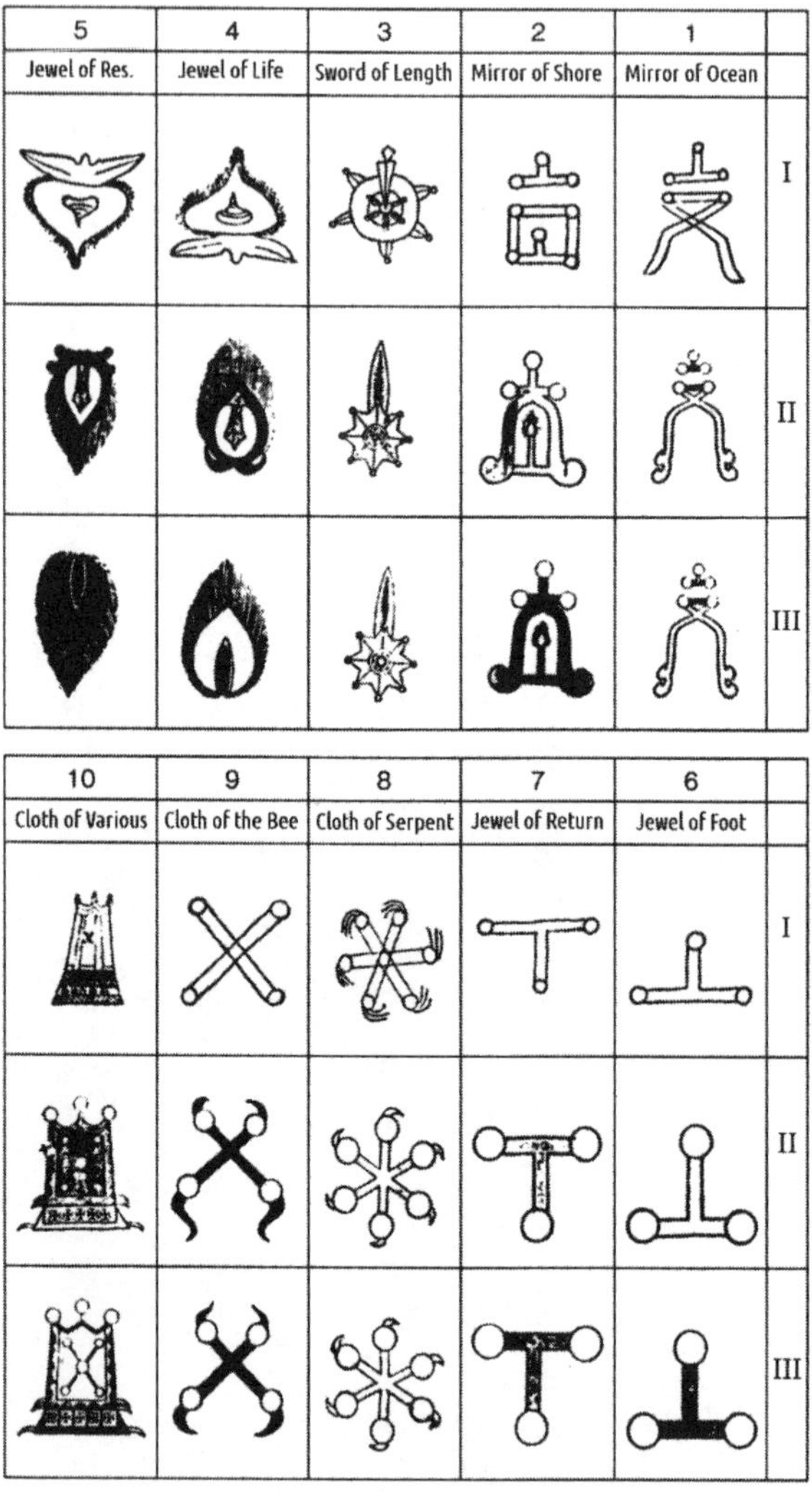
5
4
3
2
1
Jewel of Res.
Jewel of Life
Sword of Length
Mirror of Shore
Mirror of Ocean
I
II
III
10
9
8
7
6
Cloth of Various
Cloth of the Bee
Cloth of Serpent
Jewel of Return
Jewel of Foot
I
II
III

三つの写本でみられる十種の神宝

四七音のヒフミ歌の意味

では、旧事紀七二巻本において、ヒフミ歌はどのように描かれているでしょうか。これに似た長い歌が第一〇巻と四一巻に出ています。そして、**なぜかこの長いヒフミ歌の方が、当時、秘教の世界ではよく知られていたものです。**

第一〇巻によると、タカミムスビの神が神代にこの四七音からなるヒフミ歌を歌っていたとされています。そして、神々の行いを記録するため、これに対応する四七の文字、つまり神代文字を創作するようにと命じたとされています。

ひふみよいむな　やこともち　ろらねし　きるゆゐ　つわぬそ　をたはく
めかうお　えにさ　りへて　のます　あせゑほれけ

旧事紀七二巻本は、この歌について、初めの一六音は、人間に与えられた数字で、「一、二、三、四、五、六、七、八、九、十、百、千、万、億、兆、京」を示すと説明しています。こうなると、あきらかに十種の神宝とは関係なくなりますし、一六音を表すため当てはめた漢字も数字ですらありません。また、次の一六音は、天界にあてはまる数字で、終わりの一五音は冥界で用いる数字とされています。

七二巻本によると、天界と冥界の数字の意味は今の代では明らかにされないそうです。ところが、この四七音は、近代日本語の四七音すべてに該当しています。

第四一巻において、アマテラスはこの四七音のヒフミ歌を子孫に与えますが、そのとき数字を短い詩の形にして並べたもう一つの歌が登場しています。この詩の語句の冒頭は、ヒフミ歌の数字を示し、それ以外の文字で数字の間を補い、これによって子孫にある伝言を遺そうとしたものです。ヒフミ歌四七音が混入されているのをご覧ください。

人（ひと）は含（ふく）む道（みち）あり、喜（よろこ）ばし、命（いのち）報（むく）ひ、名（な）あり、親（をや）と子（こ）とは、倫（ともがら）の元（もと）の因（ちな）みあり、心（こころ）は顕（あらは）れ、練（ね）り忍（しの）べ君（きみ）は主（あるじ）し、豊（ゆた）かに位（くらゐ）し、臣（やつこ）は私（わたくし）、盗（ぬす）み勿（せそ）、男（をとこ）は田（たがやし）し、畠（はた）うち、草（くさ）切れ、女（め）は蚕（こかい）し、績（うみ）織（お）れ

家（いえ）は賑（にぎは）ひ、栄（さか）やせ、理（ことわり）は宜（むへ）に照（て）らせ、法（のり）は守（まも）り進（すす）め、悪（あ）しきことは攻（せ）め、絶（ゑ）しめ、欲（ほ）しみと我（われ）をは刪（けず）れ

この詩が伝えようとした重要な教訓について、そのいくつかをここでまとめておきましょう。詩の最初の行は、人の道として、特に親子のあいだで、思いやりと同情の心を寄せあうよう促しています。二行目では、君臣、男女を問わず、人はみなこの世で果たすべき役割を持ち、それをいかに果たしていくべきか、必要な知恵を与えられていると歌っています。最後の行において、アマテラスは、人が法を守り、欲を少なくし、正しい道に踏みとどまって幸福と繁栄を手にするようにと忠告しています。

前述した四七音のヒフミ歌は、時期はわかりませんが、過去のある時代の秘教的な意味

合いを伝えており、それは今日にいたるまで引き継がれています。たとえば、その歌は、いまも鎮魂帰神と呼ばれる神道瞑想に入る時に初めにうたわれているものです。また、ある神道教派では、宇宙の成り立ちを説明した歌とみなされ、瞑想訓練をする部屋の壁に神代文字で書かれていることもあります。

旧事紀七二巻本の著者は、古代あるいは中世に書いたにせよ、いったいどこで、こういう秘密の情報を得たのでしょうか。ある師匠から教えてもらったのでしょうか、それともある文献によったのでしょうか。

最後の国学者と呼ばれる山田孝雄《やまだよしお》は、一九五三年の論文で、この呪文は七二巻本用に創作されたものではないかと言っています。それは、日本語の口語の四七音をすべて含んでいるので、古代のものであるはずがない、また漢語の表記法が導入されるまで四七音を示す統一文字は持たなかったし、そしておそらく古代には非常に異なった言語を話していたに違いないと主張しました。

しかし、近年、評論家の原田実《はらだみのる》はこれに異議を唱えています。もし、このヒフミ歌が七二巻本ではじめて登場したとするなら、一体どうしてこんなにも神道界に広まり、影響をおよぼしているのかと疑問を呈します。

神道家たちの意見によると、ヒフミ歌は極めて神聖なものであったから、七二巻本が出る前は記録することが許されなかったが、その数世紀前から存在していたといっています。さらに、この歌は古代文字で記録された証拠があり、それはある精妙な文法に基づいているので、山田氏のような研究者も理解できなかったのだろうと指摘しています。

いまのところ明らかになっているのは、この四七音のヒフミ歌は、一〇巻本の書かれた時代とは全く異なる時代に出現したということです。そしてその出現は、一〇音のヒフミ歌につながるものを探したいという説明しがたい望みに裏打ちされていたのでしょう。ほかの古史古伝（例えばカタカムナ文書）は、別の日本のイメージに適うような別のヒフミ歌を紹介しています。昔も今も、日本人は歌の原型をしきりに探し求めているように思われます。

日月神示の登場

旧事紀七二巻本は、江戸時代以降に表に出た古史古伝のうちおそらく最初のものでしょうが、それは、古史古伝という研究分野の始まりを告げるものなのでしょうか。

七二巻本は、本居宣長が古事記を解読しようとしたときになんらかの着想を与えたのではないかと私は思いますが、しかし、ほかの古史古伝とのつながりは薄いのです。例えば、私が本書で選んだ旧事紀とホツマツタヱ、カタカムナの三つの文献はお互いにつながりがありません。（ですから、七二巻本に触発されて次々古史古伝が登場したというわけではありません）

けれども**七二巻本に触発されて非常に多くの着想が生まれたということは、一般的に言えるでしょう。**たとえば、発禁の間も、増穂残口《ますほざんこう》のような国学者はひそかにそれを参照していましたし、二〇世紀になって再発見されたときも、誰かを触発したり何事かを教えたりしたようです。

旧事紀が明治に解禁されたとき、多数の在野の研究者がこれを調べ広めようとしました。彼らは、日本の古伝に愛国的な要素を見出し、その観点から広めようとしたのですが、古伝をまったく違った観点から研究しようとしたものはごくわずかでした。そのわずかな例の一つを紹介しましょう。

一九四四年四月のこと、古伝の研究者たちが集まって古代シナのやり方でフーチ占いを企画したことがあります。それは、木の棒で砂盤の上に文字を自動書記する方法でした。研究者たちは、初めに砂盤に登場した神霊の名を尋ねたところ、よく登場する神名ではなく、まったく予期していなかった「天日月」という文字が砂盤に現れたのです。そのとき、だれもその意味が解りませんでした。たぶん、いじわるな霊が邪魔をしに現れたのだろうと思っていました。

古伝の研究者たちはがっかりしましたが、そのなかに、岡本天明《おかもとてんめい》という人物がおり、これは何かあるはずだと感づいたのです。のちに、岡本はある神主の家の近くに「アメヒツク社」という摂社があることを知り、訪ねてみることにしました(注13)。

彼がその摂社を訪問したところ、突然、腕が痙攣《けいれん》をおこして痛くなり、筆をとらされ、神がかり状態になって自動書記を始めたのです。あとで、自分の書いた紙をみても内容は

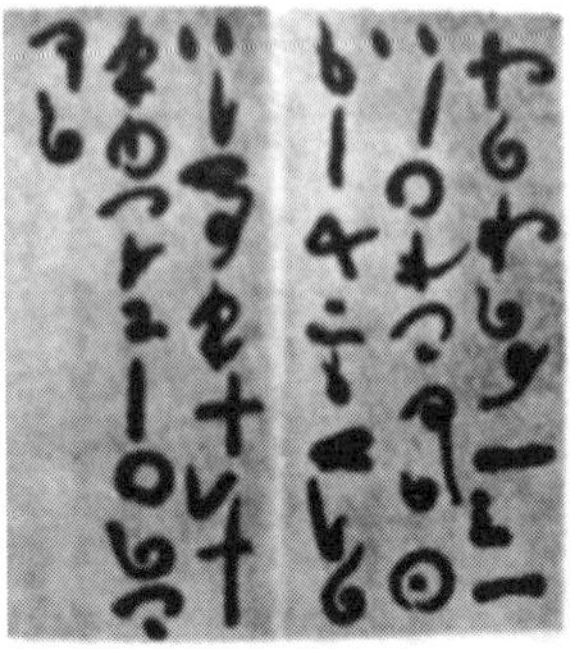
日月神示の原文「われわれの一切はうまれつつある」と書かれている

さっぱりわかりませんでした。
こうして、『日月神示』という予言書が登場したわけですが、これは自動書記の手書き本一〇〇冊からなるもので、**音を示す数字その他の象徴記号を用いて記録されています。**（キリスト教の神秘家、エマヌエル・スウェーデンボルグが、その著書で『天国の書き物は、すべて数字を用いている』と述べていますが、それに似たようなものでした）

この日月神示は、まだ英語で紹介されていませんが、アブラハムとキリストとムハンマドの神（Ｇｏｄ）によって書かれたとされています。一九四四年に書かれた第一章では、日本は第二次大戦で敗北するが、すぐ復活すると予言しています。この手書き本は、日本陸軍の中で広く写されていたので、敗戦後自殺しようとした軍人の何人かは、これを読んで思いとどまったと言われています。第二章以下は、日本再建の後どうなるのか、現代世界はながく続かないこと、石屋（フリーメーソンのことか）というオカルト勢力が世界を破滅に導こうと謀っていることなどを警告しています。

日月神示の信奉者たちは、我々の眼の黒いうちに、崖っぷちを踏むような世界的危機が勃発するだろうが、人類が霊的な回復力を身につけていくならこの危機を乗り越えることができるだろうと言っています。「あらゆるものが、三分の一になる」、つまり地上の耕作地や食料、人口も三分の一に減少すると述べています。

日月神示において、日本は、最初に産まれた本（もと）つ国、「日の本」とされ、日の本の伝統を大事にするものは、来る危機において、特殊な霊的修練が求められる困難な目にあうであろうと記されています。本つ国の象徴は、⦿とされていますが、この記号は言《こと》霊《だま》の専門家のあいだで「ス」という原初の意識を示す象徴記号とみなされているものです。

神示のほとんどの内容は、「スの国」の人民に対して、人間の御霊《みたま》はカミの分け御霊であって「清明」なものであることを自覚し、さらにカミと一つになるように導く教えで埋められています。

これを見る限り、日月神示は、主として日本に産まれた人向けの文献と言えそうです。

だが驚くことに、神示は、はじめの第一巻から、「スの国」というのは政治的な国ではなく、霊的な国について述べているのだと語っています。

「スの国に産まれても、外国に忠節を誓っているものもおり、反対に外国に産まれても、神の子の資格を持っているものもいる」と。


　言いかえると、カミの道をしっかり守っているものは、日の本つ国の一員となる資格がありますが、必ずしも日本に生まれたものに限らないということです。実際、日本国籍を持っていても霊的には外《と》つ国の一員かもしれないのです。

日月神示は、数か所で、旧事紀七二巻本の思想に言及しており、その原初の天神の名は、一〇巻本より七二巻本の神名に近いのです。また、「天の大神は地上で五鎮として現れるぞよ」と述べ、この五鎮を順序立てて並べています（注14）。さらに、四七音のヒフミ歌も引用されています。

　歴史の流れ——あの潮音もぶち当たったものがどのようなものであったにせよ、日月神示を教えたカミもまた歴史の流れに望みを託しているとみてよいでしょう。

第四章

五七調で書かれた縄文叙事詩『ホツマツタヱ』——天君《あまきみ》アマテルとワカ姫が教えようとしたもの

一九六六年当時の東京には、見ごたえのある場所が数多くありました。そびえ立つ東京タワーの鉄塔に驚嘆し、新宿や銀座の最新ファッションを見てまわり、オリンピック開催からまだ間もない新しいスタジアムに行くのもよいでしょう。あるいは、あなたが松本《まつもと》善《よし》之助《のすけ》（一九一九―二〇〇三年）であったなら、古くからの学問の中心地区、神田に赴き、埃っぽい古本屋街の奥深くへと踏み込んで行ったことでしょう。アマチュアの文献研究家だった松本は、このとき、数ある中世のオカルト文書や魔術書に埋もれていた、題名の読めない断片的な写本に出くわしたのでした。その題名はこんな文字で書かれていました。

ホツマツタエ

松本は、この珍しい写本に加え、戦前の書籍数冊を古書店から持ち帰りました。その数冊は重要でないことはすぐ判明しました。しかし、解読できない題名の書物には、はるかに重要な何かがあることがわかってきたのです。題名と同様に内容もまた奇妙で、未知の文字で書かれており、日本語と関連しているようにみえ、一定の規則性もあるようでした。

数時間調べたあと、松本は手にしている古本が、未知の『ホツマツタヱ』と題する叙事詩――日本の最も初期の歴史を記したもの――ではないかと推量したのです。

ワカ姫から始まる

日本書紀や古事記を読み、これらに匹敵する旧約聖書を読んだことのある私どもにしてみれば、この叙事詩の幕開けもまた同様に、天地創成を語るところから始まるものと期待します。しかし、この文献の始まりは、天地の初めを語っていないのです。その代わりに、ある女性の生活と彼女の育った宮中の環境から読みはじめることになります。

それワカは
ワカヒメのかみ
すてられて
ひろたとそだつ
カナサキの

つまのちをえて
あわうわや
てふちしほのめ

この和歌の意味はこうなります。

(ワカ姫のカミは、産まれてからすぐ捨てられ、拾い子として育てられました。育て親のカナサキの妻の乳を得て育ち、あわ、うわ、と片言を話し、手を叩き、瞳は明るく輝いていたのです。原文は次の通り)

「ホツマエタエ」原文第一章の一部

聖書の預言者モーゼやローマ帝国の創始者ロムレス、レムスのように、ワカ姫は偉大になることを運命づけられていた捨て子なのでした。しかし、どの国でいつ頃、どの場所での話なのでしょうか。それは直ちに明らかにされないまま、むしろ古代日本における子どものための一連の儀式や、親が子に教える事柄の数々が列挙されていくのです。

うまれひは
かしみけそなえ
たちまひや
みふゆかみおき
はつひもち
あわのうやまひ

（誕生日には、赤飯が供えられ、立ち舞を踊りました。三度目の冬に髪を結いました。年始は初日餅を食べ天地の神に祈りを捧げました）

ここで、読者の皆さんは、本文がなぜ子ども一人の誕生から始まるのか、驚いておられることでしょう。というのも、**ホツマツタヱには、宇宙の起源を説明するよりも難しい課題が課されていたのです。つまり、神代の生活がいかなるものだったか、という正史から丸ごと抜け落ちている主題を読者に教えようとしているのです。まさに、この忘れられた時代を読者のなかに蘇らせることこそが、忘れられた文字で記された文書にふさわしい目的なのでした。**

ワカ姫の育て方について読み終えたあとでやっと、この叙事詩の五七調の韻律は、ワカ姫の両親イサナギ、イサナミによって詠われ、ワカ姫が習得したものだと知ることになります。

次に、大人になった姫は恋の悩みを知り、古代ホツマ国の生活、恋愛、試練の数々を理解し始めるのです。そして、ワカ姫は産まれたあと、両親から一度手放されますが、十分成長したあと両親と共に幸せに暮らすようになったことも判明してきます。これが、天地創成よりも先にホツマツタヱが伝えようとした物語なのでした（注1）。

松本は数年の研究を重ね、「それワカは」のくだりは一つの完結した本文の出だしとして書かれたものではないと結論づけるに至りました。この**一万行を超える五七調の叙事詩は、むしろ、一つの本文の中ほどから始まり外へと螺旋を描いて広がっていくかのように伸びているのです。**それは、ジェイムズ・ジョイスの小説『フィネガンズ・ウェイク』の表現方法と似ています。また、ホツマツタヱの言葉には、今に伝わっていないものやすぐには理解できないものが少なくないという点も『フィネガンズ・ウェイク』と似ています（注2）。

しかし、ホツマツタヱは、景行天皇に献上されたと書かれており、その前半には、太古の時代の戦いや勇士の物語、そして偉大な人々の功績が詠われています（注3）。

松本が最初に持っていたのは、一九世紀に写された文書の断片でした。それは、ある風変わりな近代の人物が編集したもの——つまり、西洋叙事詩や古代文学、日本北部や中部にいたアイヌ民族のことをよく知り、昔の象徴記号にも精通していた風変わりな人物が、それらの物語を繋ぎ合わせて創ったものだろうと推測するかもしれませんが、当時そう思うのももっともなことでした。

だが、松本によるホツマツタヱの研究・調査が進むにつれ、一七七五年にまで遡る手書きの原稿や一七六四年以前にホツマツタヱを引用した他の文書が発見されることになったのです。この事実を見た時、私は自分の目を疑ったほどです。その世紀には、最も教養豊かな日本人でさえ、古代インドの叙事詩やアイヌ文化というものについて一切知る由もなかったのですから。

ホツマツタヱはたとえ当時偽作されたものだったと仮定しても、世界文学においては極めて重要な功績と言えるものです。それは、日本史上初の叙事詩（数世紀を網羅しているもの）であり、日本史上初の五七調で構成された言葉で書かれた叙事詩（繰り返しますが、数世紀を網羅しているもの）であることなど、枚挙にいとまがないほどだからです。誰が書いたにせよ、その著者は、頭の中であらゆる文学ジャンルを創案する力のある神のような人物だったか、あるいは、秘伝を授けられた人物が、奇想天外な太古からの伝統を後世に伝えようとしたか、そのいずれかにちがいないと思うことでしょう。

ところで、このホツマ文書の美学的価値に疑いの余地はあるでしょうか。また、ホツマ文書をもって、古典期以前の壮大な文明の証拠となる遺物だと主張することができるでしょうか。

これについて、ある古伝の研究者は、こう述べています。
「『ホツマツタヱ』には、美しい言葉の行間に、いにしえの時代を感じさせるなにかがある。その多くの単語は最大の古語辞典にも見つからないが、その言語は美しい旋律を奏でている。この感覚は、偽物とは無縁だ」

ヲシテ文字の体系

ホツマの時代（縄文後期）の育て方と和歌の起源を説明したあと、ホツマツタヱの物語は、古代日本の全体像を洗練された形で示しています。序盤は、カミヨ（縄文時代の指導者の世）について書かれており、やや『古事記』や『日本書紀』に類似していますが、**ホツマツタヱのカミは目に見えない存在＝神ではなく、指導者という意味であり、むしろ北から下ってきた不死身に近い有力氏族の子孫とされています。**

序盤で諸《もろ》カミ（指導者達）は、ソクラテス式対話のように、宮殿に座って、過去の時代にまつわる問答を交わします。言葉の意味や剣、鏡など民族の象徴体系についてしばしば問答しあうのですが、その問答から長編の物語が始まっています。

序文によると、ホツマツタヱの前半部分は、もとは朗唱されていた叙事詩であったと説明しています。（その点は、ホメロスの『イーリアス』と同じであり、また登場人物らは本名以外に尊称が与えられている点も似ています。ホツマでは、本名を「ヰミナ」、尊称を「タタヘナ」（称え名）と呼んでいます）

研究者らは、その時代の人々は紙の製造法を知らなかったけれども、教育用に使うヲシテ文字という記号を、一時的に桑の染料で布に記すことができたと解釈しています。これらは、神託や公告を伝えるために使われ、教え方も書記官制度も確立していましたが、染料による記号は永続きせず洗い流されてしまったのです。

現代の日本人には、ヲシテという言葉は知られていませんが、『日本書紀』でオシデという単語は、「璽《しるし》」の意味で登場しています。現在でも、朝廷の勅書を所蔵した神社は御《オ》璽社《シデシャ》と呼ばれています。

ヲシテ研究者によると、先史時代の王朝では、ホツマ物語は歌として何世紀にもわたって愛唱され、歌い継がれていました。それは、先史時代のギリシャ人たちの間で『イーリ

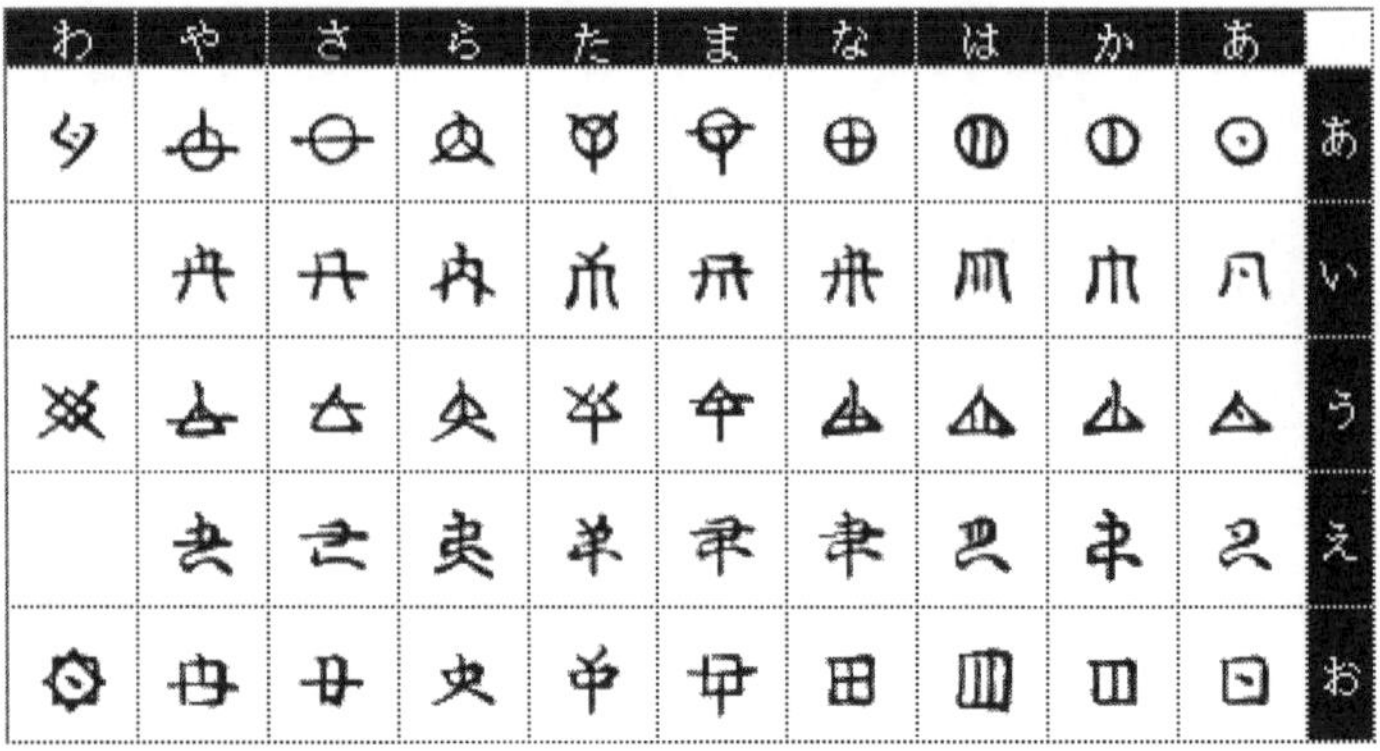

ヲシテ文字の体系

アス』が歌い継がれてきたのと同じです。しかし、西暦一世紀頃、その継承が廃れていく兆候がありました。独自の物語と信条をもった移民たちが、西から船に乗って次々に押し寄せてきたのです。

これに対して、七つの先住氏族は、自分たちを権威づけようと独自の史書を編集し、自らが最も枢要《すうよう》な存在であるとそれぞれ主張しようとしました。(これは、後に聖徳太子が旧事紀七二巻本のなかで嘆いて記したことです。)**困った当時の景行天皇、ヲシロワケは、朝廷書記官であったオオ・タタネコに、昔のホツマ物語から当代に至るまでの歴史を続けて記し、完全な文書に編纂するよう命じたのです。**

横の父音記号と縦の母音記号が結合して四八文字(子音記号)を形成していることに注目してくださ

い。

オオ・タタネコは、命じられた務めを全うし、西暦一二七年（景行五七年）に完成した文書を朝廷に奉呈しました。その原本を改訂した二八アヤ（章）に加え、オオ・タタネコ自身が著した一二アヤ、計四〇アヤで構成されたものでした。彼が書き加えたアヤからわかるのは、古代ギリシャとほぼ同時期に、日本がアマキミと呼ばれた天皇の統治する一種の立憲君主制へと発展していたことです。アマキミは、人々の心を理解し、彼らが天命を全うできるような国造りをする責任を負っていたのです。

古史古伝の研究者らは、ヲシロワケ（景行）天皇がヲシテを用いた最後の天皇ではなかったかと推察しています。というのも、彼の時代以降、大陸から新しい技術や知識を持ち込んできた移民たちが急速に増えていったからです。景行天皇の頃にはホツマの伝承は、まだ口伝で伝わっていた部分もありましたが、完全な叙事詩はもはや現存しなかったのです。

ホツマツタヱの本筋からそれた引用が、その土地の伝承や語りつがれた皇統譜と混ぜ合わせられ、こうしてできあがった粗雑な記録をもとに、あまり詩的でない古事記や日本書紀、旧事紀が生まれることとなったのです。

正しい歴史をめぐり氏族の間で闘争が繰り広げられました。氏族らは、先祖のカミが優位であったことを皇室が認めるよう迫り、武器をとることもありました。こうして歴史と神学をめぐってあらゆる氏族の系統が傷つき、死んでいったのです。そして、ヲシテ文字を染めることのできた最後の長老が亡くなったあと、ヲシテ文書のことはすっかり忘れられていったのでした。

ホツマツタヱの由来

今日ではヲシテ文献の多くは破棄されてしまっています。しかし、ホツマツタヱや他のヲシテ文献の断片が各地でつぎつぎ発見され、今では三冊の検証済みの文書（ホツマツタヱ、ミカサフミ、フトマニ）として整理されています。不運なことに、こうした文献が発見された近代初期の頃の学者らは、カミの時代から伝わってきた正統な文書という考えを

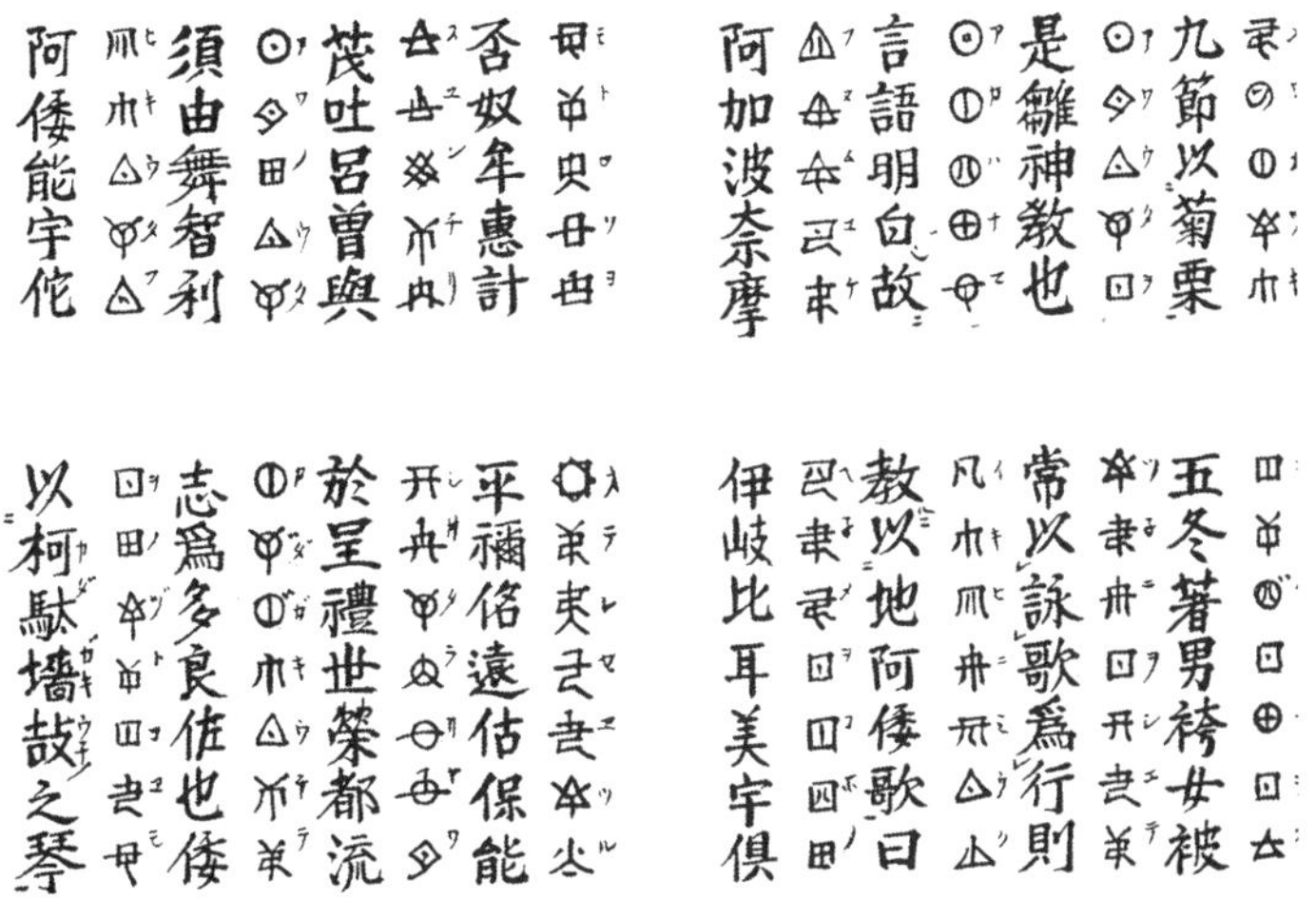

井保勇之進著、1775年版ホツマツタヱ写本の一部　ヲシテ文字の左側に漢訳を併記したもの

退け、来歴不明な古史古伝の世界へと捨て去ってしまったのでした。

　ホツマツタヱ（容聡本）は、最も完全に近いヲシテ本であり、オオ・タタネコから和仁估《わにこ》家へと継承されたものです。八一五年以来の家系図（『新撰姓氏録』）によると、和仁估家は阿多賀田須《あたかたす》命の子孫にあたり、旧事紀十巻本（第四　地神本紀）では、阿多賀田須命がオオ・タタネコの父とされています。

　地の巻最後のアヤで、そのヲシテ本は阿《あ》波宮《わのみや》の宝物殿に預けられたと伝えていますが、その阿波宮は、どうやら旧事紀七二巻本の原典（土簡）が発見された場所と同じようなのです。ホツマツタヱがその後数世紀以上も無事に継承されてきた経緯はよくわかりません（注4）。

一七〇〇年代に、ホツマツタヱの伝本は、和仁估家を継ぐ最後の嫡男から彼の孫である井保勇之進《いほゆうのしん》（別名、三輪安聰《みわやすとし》）に託されました。井保はこれを家宝として受け継ぎ、解読し、苦労しながら三十年以上もかけて漢文に翻訳したのです。一七七五年、井保は、完成した文書を天皇に奉呈しましたが、彼はその翻訳と解説をもとに学者たちがこの伝本について真剣に検討するよう願っていたのです。

知られているかぎり、井保は滋賀県の田舎で一人で研究を進めており、ほかに翻訳を手伝った者がいたという記録はありません（注5）。彼は、和仁估家から継承した古文献に生涯を捧げた記念として、写本では自らを「和仁估安聰《わにこやすとし》」と名乗っていました。

しかし、一七七五年以前には、日本の学者は日本書紀や古事記にある混沌とした伝説と系譜を解読しようと懸命に取り組んでおり、それを首尾一貫したある主張（尊王論）へと集約することによって、腐敗した幕府よりも一貫性のある政治体制の方が歴史的に正統であることを明示しようとしていました。

その数十年前には、水戸学派がその『大日本史』から神代の部分を意図的に省略していました。神代記は、当時の政治との関連性が乏しい上に、いくら憶測を重ねても限《きり》がなく結論が出ないという理由からでした。水戸学における学術的な歴史の始まりは、まさにホツマツタヱの時代の終結と重なっていたのです。

振り返ってみると、一七六〇年代には、当時影響力のあった国学派では、日本書紀よりも古事記を優位におく見直しを大掛かりに展開していました。しかし、**ホツマツタヱを読むと、日本書紀のほうが古事記よりも古い出来事を正確に伝えているようにみえます。**このように、ホツマツタヱが出現するには、まさに最悪の学術的環境だったわけです。

こうして、ホツマツタヱは、数名の僧侶と民間の秘教研究者のたわいない興味を引いたにすぎず、全く見向きもされませんでした。平田篤胤は、ホツマ文字をつまらないものと考え、きわめて短いが不可解な解説を残しています。「これらは土簡（粘土版に書かれた文字）である。このような文字の書が、オオ・タタネコによって阿波宮に納められたと聞き及んでいる。これらのホツマ文字は、伊勢神宮の宝物殿にもあるかもしれない」

井保が書いた一七七五年の原稿は、ある神社から一九九二年に発見されたもので、記録に残る最古のホツマツタヱです。これより以前にさかのぼる原稿の探索は今も続いています。

左大臣のオオカシマによって書かれた『ミカサフミ』も、複数の断片からなっていますが、残存しています。全編六四章のうち、八章分が一九世紀に写本として発見され、他にもう一章が僧侶溥泉《ふせん》の書き物から見つかりました。それは、最初のホツマツタヱの写本が出現した年より十数年早く、実に一七六四年の記録だったのです。

ミカサフミには、皇室の年中行事や祭祀に関する説明があり、その点では朝廷の編纂した『延喜式』の形式に似ているようです。延喜式は、律令や慣習について書かれた五〇巻からなる文献で、西暦九二七年に完成されたものです。

生き残った三番目の古代文献は、『フトマニ』と呼ばれ、ホツマツタヱとミカサフミの記述をもとに、和歌が一二八首書かれており、あるルールで占う占術の写本でした。それは、アマテラスが各地の豪族に詠ませた和歌一二八首で、秘伝書とされ、その伝授を受けていない者には、外側の表面的な意味しか伝わらない秘教の書物とされています。江戸時代にはこれを仏教の僧侶が広く参考にしていたのですが、その写本は、現在は由緒ある小《お》笠原《がさわら》家が唯一所蔵しているだけとなっています。それは、小笠原家の宝庫に保存され、開示されることはまずありません。現在公開されているのは、駒井邦義《こまいくによし》が一九一二年から一九二六年の間に写しとったものだけです。

以上、三つの文献（ホツマツタヱ、ミカサフミ、フトマニ）だけが、現在のところ研究者たちに知られているものです（注6）。

三二〇年ぶりの再発見

松本善之助が一九六六年（昭和四一年）に断簡を発見した際、そこに引用されていた原文はそれまで全く未知のものでした。その断簡の他に、印刷された出版物でその原文について言及した者は誰もいませんでした。事実、完本のありかは誰も知らなかったのです。

そこで、彼は断簡の表紙に記された二人の氏名という唯一の情報を手掛かりに、縁もゆかりもない日本の津々浦々を訪ね歩き、二人の末裔を探そうとしました。が、どこに行っても袋小路でした。訪ねた神社は廃れており、探し当てた家の家系は絶えており、先祖が亡くなったときに虫食いの文書も焼却されたという話など——。

やっとのことで、松本は完本を見つけましたが、それは当時、世界で二冊しかない完本のうちの一冊だったのです。彼はそれを書き写すため、宝物のように抱きかかえて帰宅を急ぎました。

発見したものを解読しようとして、松本は古事記と日本書紀を入手し、それぞれの物語を比較しはじめましたが、書斎はたちまちメモで埋め尽くされてしまったのです。一人では手に負えない作業量だったため、仲間の研究者たちにもお願いし、用語索引と年代順の整理を何日も徹夜でやってもらいました。こうして研究を重ねるにつれ、この文書と記紀と神社の間には、深いつながりのあることが月ごとに判明していき、こうしてホツマツタヱは、松本にとって生涯の情熱を傾けるものとなったのです。彼はその体験を、次のすばらしい一節に記しています。

ホツマツタヱの研究が進むにつれ、私は意識が不思議に変容していくことに気付きました。発見以前の私にとって、アマテラス、ヤマトタケ、イサナギや他のカミは、おぼろげな畏怖の対象でした——崇敬と神聖を表すおぼろな白雲の上におわす象牙の神々——そんな理解でしたから、神々には顔が無かったのです。

だが、今となっては、こうした神々は、現実に生き、愛し、苦しみ、そして亡くなった人々と受け止めるようになりました。大いに喜び、嘆き、考え込み、感嘆したりする神々。一言でいうと、ホツマツタヱのおかげで彼らは人間になったのです。

松本は、自らの発見を学者たちに知らせようとしたが、冷ややかな沈黙に見舞われました。そして松本が没するまでただの一人の学者もこの件については見向きしようともしなかったのです（注7）。ホツマツタヱに言及した論文を受けいれてくれる専門誌や学会は皆無でした。しかたなく松本は、新聞に活路を見出し、記事をいくつか載せてもらいましたが、学会で正式に承認されるまでは、この文献が日本の公的な分野に影響を及ぼすことはありえないでしょう。

そうした経緯にもかかわらず、松本はヲシテ文献を学術的な一貫性と敬意をもって扱い、決してその所有権を主張したり、自身の研究成果を隠したりはしませんでした。それは、称賛に値する態度でした。彼の著作は、日本全国の主要な図書館で、ヲシテ文献の優れた校訂版として今も生き続けています。

ところで、松本は旅を続けながら、井保勇之進が保管していたはずのヲシテ原稿がその後どうなったのか探し求めていましたが、その手がかりを見つけることができませんでした。そのため、松本と仲間の研究者たちは、二〇年以上にわたりホツマツタヱについて広く告知し、歴史愛好家たちにも、近くの神社の蔵に変わった文書がないか探してくれるようお願いしていました。

一九九二年のこと、ついに井保孝夫《いほたかお》という男性が、自宅近くの神社（日吉《ひよし》神社）で井保勇之進の漢訳付き原稿を発見しました。叙事詩の原本が写されてから三二〇年という歳月を経て、とうとう再発見されたのでした。特筆すべきは、ヲシテ研究家らが系譜をたどったところ、井保孝夫は井保勇之進の七代目の子孫と判明したことでした。

ヲシテ文字の象徴するもの

旧事紀七二巻本とホツマツタヱの違いで最も際立っているのは、ヲシテと呼ばれる文字が出てくることです。ヲシテ文字は、中世および近代の日本語と同様に、四八音で構成され、五つの異なる母音をもっています。

ただ、現在の日本語の「カナ」と違うのは、これらの文字が規則的な体系のもとに創られていることです。母音記号と父音記号を組み合わせることで文字ができています。叙事詩では、こうした文字が言霊や天啓を記録するために、数えきれないほど使われていますが、その中のほんのいくつかをここに示しておきましょう。

松本の尽力により、ホツマツタヱの信憑性《しんぴょうせい》を示す証拠の多くは、日本各地に点在する神社と神の名称から発見されました。

彼は、アワの歌を特に重視していますが、これはイサナギ、イサナミの二人が掛けあいながら歌った教えの歌とされています。アワの歌はワカ姫の章に始まり、叙事詩の末尾までたびたび登場します。ひふみ祝詞と同じように、四八文字すべてを用い、これを音声的な順序に従って並べているのです。

注目してほしいのは、歌の冒頭のアと末尾のワが、通常のヲシテ文字のア、ワではないことです。この二つは、左巻きの渦と右巻きの渦の形で示され——天と地、男性と女性、陰と陽を表しているのです。

三のアヤで、イサナギとイサナミが共に柱の周りを歩く際に、二人の儀式の一部としてこの歌を歌います。最初の二四文字は男性のイサナギが歌うもので、柱の「左に回りながら」（をはひだり）歌い始めます。後半の二四文字は女性のイサナミが歌うもので、柱の「右に回りながら」（めはみぎ）歌い終わります。

この歌を一行五音節に並べて書くと、アイウエオ、トテツチタの行が対になっていることがわかります。イサナギの歌うアイウエオの行、イサナミの歌うトテツチタの行が相互に呼応しあうという、ヲシテに内在する論理を明らかにしているのです（注8）。五アヤによると、アワの歌を歌うと「声が澄み、言葉が整った。濁った言語が自《おの》ずと正されて、国に秩序が戻り、再び平和になった」と記されています。幼いワカ姫に最初にこの歌が教えられたのは、こういう訳があってのことに違いありません。

著名な芸術家である鳥居禮《とりいれい》は、ホツマツタヱから創作の着想を得ていますが、彼が重視しているのはアワの歌やアメナルミチではなく、むしろ、それらが描写する五大元素、つまり、空、風、火、水、土の元素であるといっています。これらは次のように、ヲシテの五つの母音に呼応しています。

ア—うつほ（陽）
イ—かぜ（陽）
ウ—ほ（陽）
エ—みづ（陰）
オ—はに（陰）

宇宙に存在するすべてのものは、これら五つの元素の組み合わせによってできているが、五つ全部を融合したものが唯一つあり、それは人間であるとホツマツタヱは記しています。

松本の亡きあと、松本の所蔵していた文献や資料を譲り受けた研究者たちがさらに詳細な研究を行ってきています。彼らが特に関心をもっているのは、文献にある統治と正義の概念です。**ヲシテの世界で、最も重要な統治の原理は「トのヲシテ」と呼ばれるものです。**

ヲシテ文献でみられるフトマニの図

この書かれざる原理を発展させたものが、いわゆる「天なる道」であり、その内容は時代によって異なり、相手によっても異なる要求をするとされています。治世者には適切な統治の道があり、国の民には守るべき規範の道というものがあります。国の在りようはこうした道によって決まり、政治論争よりも道を守ることが優先されるのです。

日本翻訳センターの高畠精二は、第一章に説明した古代のフトマニ占術に関心をもっています。フトマニの文献には、五一のヲシテ文字を円環状に並べた図があり興味をそそられます。

その中心には、があり、始原者と天地の源を表しています。その周りの小さな輪に配された八文字は、天なる八神（トホカミエヒタメ）を示しています。次の中間の

輪には八方位や言語、身体を司る八神（アイフヘモヲスシ）が宿っています。

そして、外側二つの輪に配置された三二文字は、容貌など外形的な現れを示します。残念ながら、ヲシテ資料のどこにも占術の方法については書かれていません（注9）。もしその情報を持つ者があるとすれば、例えば小笠原家などが隠しているということでしょう。


最後に、ここでアンドリュー・ドライヴァーを見過ごしては、筆者の怠慢になってしまいます。彼は高畠と長年にわたって協力し、ホツマツタヱに関する書籍をいくつも翻訳した英国人です。ドライヴァーは、「タマカエシ」という特異な言葉で表現されるホツマ文化の来世の概念を研究していました。**これは、タマと呼ばれる人の魂が、異界に帰属しながらも肉体であるシヰに縛られてきたが、死亡すると解放されてもと居た場所へと「返される」（カエシ）、そして次に宿る肉体を見つける、という信念を表わしています。**

この信念は、仏教伝来から数世紀後に著された日本書紀にも古事記にも登場せず、神道の主流派も知らないのですが、それでもタマシヰという言葉は古代にも現代日本にも残っています。ただ、その深い意味が忘れられているだけなのでしょう。付け加えていえば、このタマカエシの信念（魂が「源に帰ること」）は、天理教のような神道を基盤にした新宗教でも教えられています。

ホツマツタヱによると、子が産まれると神の一部（分けみたま）が地に降り立つといいます。この神の内なる種は、臍《へそ》の緒が切られた後も子が母の一部であり続けるように、神から切り離されても、種の本質は神と同じであり続けるのです。

ホツマツタヱの来世の捉え方は、中世の日本には珍しいもので、ドライヴァーの出版予定の著書に詳細な分析を期待していましたが、残念ながら彼は平成三十年に他界し、著書は未刊に終わってしまいました（注10）。

古代の指導者アマテル

ここからは、私がホツマツタヱの物語を伝えることにします。きちんと全てを網羅するだけの余裕がないので、アマテラスの生活と教えについて検討するに留めます。アマテラスは、登場人物の一人ですが、傑出した役割を果たした人物だからです。

もっと知りたい読者におかれては、書籍をオンラインで検索してみてください。『The

World of the Hotsuma Legends』（一九九六年発行）ならびに『The Hotsuma Legends: Paths of the Ancestors』（一九九九年発行）――この二冊は、アンドリュー・ドライヴァーが翻訳し、東京の日本翻訳センターから出版されています。

この叙事詩を読み進めていくと、天照大御神はアマテルと呼ばれることが多いけれども、単に宇宙の彼方に存在する神の一柱ではなく、（ヒンドゥ教の叙事詩で描かれるラーマ神と同様に）実在した日本の統治者であったことがわかります。アマテルは、難局にあっても勇気と慈愛をもって英断を下すことのできた人物でした。

高貴な身分に伴う道義的な務めを果たしていくアマテルの姿は高潔であり、古事記に登場する指導者らしからぬ一風変わった人物とは程遠いものがあります。池田満《いけだみつる》は、ホツマツタヱを読むことによって「私たちは、アマテラスを人生の師として敬い、模範とすることができる」と述べています。

この物語では、アマテルは実は男性とされています。これは異例なことではありません。ホツマツタヱが朝廷に献上された一七七七年当時、江戸期の研究者は、「太陽を女神」とする見方は、本来のアマテルの象徴的意味（陽）にそぐわないと考え、アマテルは元来男性であったに違いないという説を提唱していたのです。

ユリウス・エヴォラもまた、実に限られた質の悪い翻訳資料しか参照できなかったものの、女性のアマテルは「女性原理を取り違えて置き換えたもの」と信じていました。ヲシテ研究者たちは、記録を取り違えた経緯があったことから、エヴォラの直感は的確だと言っています。

つまり、物語を比較してみますと、ホツマツタヱにあるアマテルの姉にあたるワカ姫の記録が、日本書紀ではアマテルに関するものとして書き直されたことがわかります。ヲシテ研究者によると、ヒミコの邪馬台国時代（三世紀頃）にアマテルの実像は多くのカミガミと同様に忘れられ、一つの神の名前と化してしまい、その後何百年も経ってから（七一二年の古事記によって）女性神として書き直されたのです。

松本善之助は、こうした変更は聖徳太子の下で編纂された旧事紀で最初に行われ、女性皇族の皇位継承を正当化するために創作されたと考えています。たしかに、アマテルは旧事紀一〇巻本と七二巻本の両方に、女性として登場しています。

また現に、江戸期の外宮の神官であった度会延経《わたらいのぶつね》は、伊勢神宮最古の記録にアマテルが本来は男性であったかもしれないという証拠を発見しています（注11、注12）。これは、初めて歴史が記録された時点より遥か昔、アマテルは男装の姿をしていたという証拠です。さらに、密教宗派では、アマテルの本当の姿を、中世まで知っていたことを示す状況証拠があります。

アマテルは、今を遡ること数千年前とされるイサナミとイサナギの黄金時代に、二神のもとに生まれた「日のカミ」でした。この点は、正史の記紀におおよそ類似しています。が、ホツマツタヱでは、アマテルは誕生後に、イサナミの姉の白山姫《しらやまひめ》の手で産湯をうけたとされています。

日本には、白山姫を祀る神社が二六〇〇社以上あるにもかかわらず、正史には白山姫に関する言及が一か所しか見つからないのです。これは、ホツマツタヱが正史にない情報をいくつか伝えているということの一つの例と思われます。

アマテルの受けた教育

一六歳になったアマテルは、人生の意味や正しい統治の道を学ぶために、イサナミの父であるトヨケのもとに派遣されました。ヒタカミのタカマガハラにあるトヨケの館、つまり神々の元の古里に移動したのです。

ヲシテ研究者は、このヒタカミを古代王国があったという東北（日本北部）の沿岸とみています。

アマテルの師トヨケは、正しく慈愛に満ちた徳政の道や生まれかわりについて教えました。人はその前世によって、現世でどんな役割に生まれつくかが決まってくると説きました。自分の過去の行動の結末を、現生で生きて全うするのだというふうに理解すれば、人生の立ち位置は受け入れやすくなります。このような教えを通じて、アマテルは穏やかな心が重要であると悟ります。この教えをアメナルミチ（天なる道）といいます（注13）。

こうして、アマテルは、統治と生き方の道を心得てヒタカミから帰還し、ホツマ国のアマカミ（天なる指導者）となります。彼の治世は長く平和を保ち、民は深く感謝して過ごしていました。しかし、反逆の危険が無かったわけではありません。

スサノヲと天の岩戸

ホツマツタヱの叙事詩では、正史と同じく、弟スサノヲを避けてアマテルが岩戸に隠れます。だが、ホツマツタヱのスサノヲは少し違うのです。スサノヲの神話は、出雲ではなく、むしろ伊勢の南にある熊野と関連しているのです。

スサノヲは、正史に描かれているように手に負えない悪童でしたが、息子の穢れを恥じた母イサナミは、自分の過ちを償うため奥深い熊野にお宮を建立したのです。ところが、スサノヲは、また愚かにも山火事を起こし、お宮とともに母親を焼き殺してしまいます（古事記では、イサナミの死が「火の神」カグツチによるものとされている点に留意していただきたい）。

こうした経緯をみますと、**正史ではなんら触れていないにもかかわらず、なぜ熊野三宮が日本の歴史では巡礼の地としてずっと中心的な存在であり続けているのかがわかってき**

ます。その後、イサナギは警告に背いて妻の朽ちてゆく姿を見てしまい、悪霊に追われて逃げる際に、桃の実で反撃せざるをえない羽目に陥ります。

後に再び暴挙を振るった弟スサノヲは、アマテルの妻の一人を間接的に殺してしまいます。これは、正史に記された出来事と似ていますが、ホツマツタヱのアマテルは、すぐ岩戸に隠れることもなく、弟を直ちに罰しようともしません。むしろ、アメナルミチの基礎にある教えを、弟に与えようとするのです。

あめがした
やわしてめぐる
ひつきこそ
はれてあかるき
たみのたらなり

（太陽と月が恵みを与えながら天を巡るように、地にいる万民を明るく照らし親のごとく

慕われるようにしなさい)

しかし、スサノヲは、またしてもこうした穏やかなお言葉をありがたく受け入れなかったので、アマテルは岩戸に隠れて世界を暗闇へと放り込んでしまいました。重臣らは会議を開き、岩戸の外でシャーマン風の祭儀を用意します。古事記にあるように、ウズメと呼ばれる女性たちが歌と踊りでアマテルの好奇心を誘おうとします。が、ホツマツタヱには裸になったという記述はありません。

こうした経緯を経て、アマテルはまた皇位にもどり、スサノヲの処分が下されることになります。朝廷は、このような無道な破壊行為にふさわしい刑罰として、死刑判決を下しました。だが、正后であるムカツ姫が、慈悲を乞い、協議の末に、スサノヲの問題は、悪い月の下に生まれたことに原因があるとの理由をつけて、スサノヲは地方に追放されることになります。

岩戸の物語の驚くべき点は、そもそもこのくだりがすべて叙事詩に含まれていることです。アマテルには、対処すべき国事や拡げるべき教えが数多くあったはずで、粗暴な弟の個人的な問題はアマテルの課題としては少々そぐわない気がします。

もっと具体的にいうと、**アマテルが第一に対処すべきは、日本にとって未曽有《みぞう》の規模の大反乱――ハタレの乱でありました。**

アマテルは日本を救った

当代きっての英雄とされたアマテルでしたが、全国くまなく法と秩序をもって完璧に治めることは叶わないようでした。

ある年、アマテルは地方政庁から報告を受け取ります。ハタレという不満分子によって、多くの部族が操られ反乱を起こしているという報告でした。ハタレは妖術を使い、配下の者たちがアメナルミチに逆らうよう仕向け、民に多大な苦難と飢餓をもたらしているというのです。ハタレには六つの集団があり、計七〇万人の反逆者が全国各地にいるといいます。ホツマ国には、五〇〇万世帯しかなかったことを考えますと、このままでは統治できなくなることは明らかでした。

アマテルの朝廷は、全く予期せぬ事態に見舞われ、わずか八〇〇人の軍勢しか持ちあわせていなかったのですが、断固たる行動に出ることが急務でした。臣下のなかには、ハタレと彼らを匿《かくま》う者どもを皆殺しにすべしと容赦ない方針を主張する者もいました。しかし、アマカミはこうした怒りの言葉を鎮めます。それどころか、こう述べるのです。

「われわれは、彼らの心の内に燃えたぎる怒りを注視しなければならぬ。その怒りの中にこそ、彼らの捉えにくい本性が隠れているのだから」

ややしるまこと
はたれとは
あめにもおらす
かみならす
ひとのねちけを
ときすくれ
こりゑてむつの
はたれなり

（とうとう真実は明らかになった。ハタレとは何者か。天のものでもカミでもない。彼ら

は人のゆがんだ心に付け入り、そそのかし、凝り固めてしまう。それが六種のハタレである）

つまり、ハタレの行動を調査したアマテルの結論はこうでした。

ハタレは少しも天なる道に則《のっと》っておらず、道から外れた民の身勝手な欲求を利用し、彼らに憑《と》りついて操る力を持った卑しい存在である。（ユリスス・エヴォラに言わせるなら、ハタレには「高度の献身というもの」が欠けている）

したがって、朝廷がこれを心得ておけば、各集団を鎮静化するための適切な霊術を見出すことができ、八〇〇人ほどの小兵（モノノベ）でも容易に彼らを一網打尽に捕らえ、適切な処分を与えることができるというのです。

アマテルは、各大将に特別な武器を用意しました。第一団のハタレは、妖術を使って、炎を吹く大蛇の幻影を見せているので、アマテルは、兵に呪具と呪文を与えて妖術を祓《はら》うようにしました。反乱者はこうして敗北し、散り散りになり、皇軍は彼らを追い詰めて制圧し、そのあと主導者を逮捕し、彼らを家に帰しました。

第二団のハタレは、ヲコゼを部隊に投げこまれ大喜びして食べます。そして極悪なはずの敵の支配者アマテルがどうしてわれわれの好物を知っているのかと上官に尋ねます。混乱が続くなか、アマテルの将軍が反乱軍の主導者を捕らえ、満腹になって満足した兵士たちを故郷に帰してしまいます。

第三団のハタレは、揚げ物のお菓子という好物を与えられ、戦いから注意をそらされ征圧されてしまいます。アマテルの将兵らは捕らえたハタレを見て、彼らが人間ではなく、猿と人間の穢れた交わりによって生まれた、退化した子孫であると知ります。アマテルは、心を入れ替えれば人として生まれ直すことができると伝え、慈悲から彼らの多くに死を与えました。

（なお、これに関連してユリウス・エヴォラは、千夜一夜物語のなかに、猿と人間の交配について記した類似のアラブ伝承があることを見つけ、詳しく説明しています）

第四団のハタレは、キツネやクツネに憑りつかれていて、キツネの好物であるネズミの揚げ物で攪乱《かくらん》されます。これは、日本で今なお稲荷神社にお供えされる油揚げに象徴されています。（ありがたいことに、今はネズミではなく豆腐の揚げ物です）

捕虜たちは、アマテルが慈悲深い指導者とわかると味方につき、残る三三万人の反乱者をまとめて捕らえることに加勢しました。この集団で、刑が課されたのは首謀者三人だけでした。

第五団は猿、大蛇、クツネとヌエが憑りついていたのを更生させ、第六団のハタレは、同じような手法により蜜柑《みかん》で攪乱されたのです（注14）。

解放された兵らはアマテルの能力と良心を賛美します。こうして、七〇万人のハタレは説得されて故郷に戻ったり、あるいは人間の姿に戻ったりしました。

どういうわけか、第五団は一七アヤで再度取り上げられ、その主導者ハルナがアマテルの下に来て、どのようにすれば民を健全な生き方へ導くことができるのかと尋ねます。アマテルの長い返答を散文にして伝えることにしましょう。

「まず、**人体はヒナガタ、すなわち宇宙の縮図である。**左目は太陽、右目は月、そして鼻は星である。胴体は世界を表し、心臓は君主、肝臓は臣下、脾臓《ひぞう》は庶民。肺は職人、腎臓は商人に対応する。心臓は、鏡のように本人の真意を天と地に映し、真意はそのうちに人々に知られるようになる。このような理由から、天皇の三種の神器の一つは八咫の鏡なのだ。

ヲシテのヲは、二つの正方形が合体し中心点で重なっている。中心から正方形の四隅と正方形の交点に線を引くと、ヲの形は一六に区分され菊の花のような姿になる。それは、天皇の紋章であり、「治める」の古語はヲ・サメルなので、まさに理にかなっているではないか。菊を表す言葉は（太古の日本語では）ココであり、感情と思考を表すココ・ロは天皇の心とともにあるという意味となる。身勝手なハタレの思考はかき乱されていたから、天皇の統治に頼ることができなくなっていたというわけだ」

この菊の説明は、他の秘伝書にも見受けられる重要な象徴の意味合いを伝えています。

奥儀を伝授されたアマテル

アマテルは、宮殿で長い歳月を過ごしていましたが、ある年、恩師のトヨケが宮津で危篤との知らせを使者が携えてきました。トヨケは既に自分用の墳丘墓に入りその中で死を迎える状態にあったので、アマテルはやむなく、その地下室に入って涙の別れを果たさねばなりません。だが、別れを告げようとしたとき、トヨケは最期のお言葉でアマテルをこう驚かせるのです。

むかしみちのく
つくさねば
ここにまつとて
さつけまし
もろかんたちも
しかときけ
きみはいくよの
みをやなり
これとこたちの
ことのりと

（陸奥《みちのく》においでになって学習されていたころはまだお若かったので、道の奥義を伝授しませんでした。今なら十分受ける準備ができておられるので、奥義を授けます。諸《もろ》カミたちもよく聴きなさい。アマテル君は、幾世を経ても天御祖《あめみおや》につながる存在であり民の御親であるぞ。これが、トコタチの遺言である）

アマカミは既に、アメナルミチのほとんどを習得されていましたが、道の深い奥儀は公開するものではなく、アマカミの重臣ですら聞くことができないものでした。トヨケは最期までそれを伏せ、アマテルがそうした奥儀を保持する知恵を備えるのを待ち、臨終の床でアメナルミチの奥義をアマテルに伝授したのです。

このような奥儀伝授の話は、数々の正史や筆者の知るあらゆる古史古伝をくまなく探しても見当たりません。だが、まさにこのような伝授こそ、ルネ・ゲノンがいう「伝統」の概念を形成する礎《いしずえ》となるものです。

ずっと後の二三アヤに、道の奥は『アメナルフミ』と呼ばれる秘伝書に記録されているという記述があります。この秘伝書は、天皇の三種の神器の一つにあたり、八咫鏡と草薙剣にならぶものです。今なお、日本国天皇はこれら三種の神器を秘密としており、目にした一般の者は誰もいないのです。

正史とされる記紀では、三種の神器のもう一つは、文書ではなく勾玉《まがたま》とされています。カンマのような形の、力のある宝石です。だが、ホツマツタヱでは天なる道を学ぶ秘伝書が用いられていたことが確認されています。**二七アヤでアマテルの御霊が、高貴な秘伝書『カグノフミ』からアメナル道を学んだと語っているのです**（注15）。

それから数年後、ヒタカミでの恩師の喪が明けて、アマテルは富士山の南に位置する宮殿に戻りますが、戻るやいなや、遷都が必要だと宣言しました。占い師や重臣らと協議した結果、イサワという地に移ると発表したのです。これは、まさに伊雑宮のことではないでしょうか。旧事紀七二巻本が見つかったその伊雑の地が、最奥義を伝授されたアマテルにとって最初の遷宮先となったのです。

鳥居禮によると、ホツマツタヱは、アマテルが最も重要な教えの数々を授けた場所を伊雑宮と記しており、この点で、古さを強調するだけの旧事紀七二巻本を優に超えた価値を持っていると言っています。

いせのみち

イサワに落ち着くと、アマテルはイセ（妹背）に則った生き方を提唱します。アマテルのイセノミチでは、男性と女性の要素を厳密に対にして体系づけていました。

すなわち、世界の開闢《かいびゃく》とともに対称性が始まり、そのとき自然が分かれ、男性的な要素を上に押し上げたので、天が生まれた。そして、女性的な要素を押し下げたので、地が生まれた。男性と女性の要素は、それぞれ太陽と月、樹木と果実、東と西、陽と陰、能動と受動、軽と重、主と副、始まりと終わり、アとワ、朱と白、火と水、風と石、左と右、心臓と血管に対応しています。

これは陰陽の宇宙論に似ているように見えますが、左と右が逆転しており、中国ではなく日本の要素を使って説明しています。これは、立川流の密教と少し似通ったところがあります。

陰陽論のように、お互いに相手を含みあっており、お互いが相手無しには存在できないものなのです。心臓は、血管が無ければ生きられず、副がなければ主の意味もありません。

アマテルは、両親であるイサナギとイサナミが柱を回る物語について解説をしています。イサナギとイサナミは、アワの歌をそれぞれ前節と後節に分けて歌いましたが、このときイサナギが最初に声に出す必要がありました。なぜなら、左に向かうアが始めに、そして右に向かうワが終わりに来なくてはならないからです。

アマテルが教えたイセノミチは、男女の融合を確実にする秘伝の道でしたが、必ずしも皆が意味を理解したわけではなかったのです。したがって、アマテルの没後、これを理解できない臣下が多くなり、一三アヤでは彼の名代であるカスガが再び説明するために講義をしています。

カスガは、津軽に移封されたオホナムチに向かい、富の追求と個人的欲望を自制すべきと講義しましたが、オホナムチは快く思いません。そこで、カスガは説きました。

「スズの木は毎年五分ほどの長さで成長し、六万歳経つと枯れるのです（注16）。そのときスズの木は、富ばかり追求する者の家系が衰えるように暗く（クラ）なっていきます。しかし、**私利私欲ではなく純粋に誠実に生きると、スズの木は明るく（カ）なり、子孫は**

末永く繁栄していくのですよ」

するとカル（＝津軽）の指導者オオナムチは、身を乗り出して言い放ったのです。

「わしが富を蓄えたことを咎めるつもりか。わしはいつも褒められておるぞ」

カスガは静かに、しかし、毅然と答えました。

「あなたは誤解なさっている。ご存命中は、富を成した指導者と呼ばれるかもしれません。しかし結局は、死んでから悩み苦しむのです」

イセノミチはいつの時代も適切な教育が必要でしたが、ホツマ文明の終焉《しゅうえん》とともに社会の主流から消滅していってしまいました。ある研究者はこう語っています。「ヲシテの時代が終わりに近づくにつれ、そのような厳格な規律の必要性を、人々はもう理解できなくなっていた」

日と月を組み合わせた暦

中国と日本では、月と太陽の動きは、メトン周期に基づいて太陰太陽暦に集約されています。ホツマツタヱによると、これはアマテルが発明したとされています。アマテルは、太陽と月の原理のバランスをとる必要のあることをよく理解していましたので、陰暦を太陰太陽暦に置き換えたのです。彼はこの任務をオモヒカネという、月と星々の位置を入念に観察している臣下に任せたのでした。その結果、一二の月と閏月から成る暦となりました。

この新しい一三か月の発明に伴い、アマテルはひと月に一人ずつに相当する計一三人の妃を見つけ、高殿から北、南、東、西の方位の宮に置きました。この四方位は四季を表しています。一三人の妃のうち、ムカツヒメがアマテルの目に留まり、正后になりました。ウリフという一三人目の妃は、その名が「閏月」の「うるう」の起源となるのですが、正室に入ったムカツヒメに代わって南の宮に住みました。

アマテルは宮殿で一年の月の巡りについて人々に教えましたが、それは四季を愛でる日本文化を反映していたのです。そして、時は巡るという考えを教えるばかりでなく、四季を東南西北に重ね合わせて理解させていたのでした。

ちなみに、源氏物語で光源氏《ひかるげんじ》は四人の愛人用の部屋を宮殿の四方位に設けましたが、紫式部はその意味を説明していません。アマテルは、后の部屋を四方位に設けることによって、四季の巡る国では君主が中心に位置するということを民に教えようとしたのでした。

肉食を避けよ

アマテルは、一五アヤで最後の大事な教えを語っています。体内で五元素が調和するには、魚類と野菜のみの食生活が必須であると説明しているのです。アマカミは臣下と庶民に向かい、まっとうな食生活によって内臓が清まり、ひいては心身が完全なる元の状態に戻ると説明しています。

最悪なのは獣と鳥の食事であり、鳥獣の死んだ魂が体を穢し人間を弱くさせ病気がちにさせると語っています。反対に、最も良い食べ物は野菜であり、その理由は内なるエネルギーは太陽から直接運ばれるものだからです。「青い野菜を食べると、病気のため弱くなったドロドロの血液でも、清らかになって太陽のごとく輝くようになる」と語っています。

アマテルの食に関する話は、様々な食べ物に含まれる元素の調和を図ること、そして肉食がいかに調和を乱すかについて諭していき、最後に独特な錬金術風の談話へと発展していくのです。これに関するアマテルの次の講話は、近代以前の日本の書物でも他に例を見ないものです。

「皆の者、よく聴きなさい。いにしえの遠い昔、まだ天と地と人が分かれていなかった頃、混乱と混沌だけがあった。そして天御祖神（「偉大な天なるみ親」）が、混沌の中に最初の息を吐かれた。すると直ちに、天は女性性の陰と男性性の陽に分かれはじめた。軽い陽の部分は宙《そら》へと昇り、重い陰の部分は沈んで地を成した。

陽の空が風を生み、風はさらに変化し分離して火となった。この陽の三元素は、物質的な形となり天へと昇っていった。（中略）

一方、地は埴《はに》と水の二要素に分かれた。埴は、山々や田園を成し、水は湖や海へと変容した。それから埴は、空と混ざり、清く美しい部分が結晶化して宝石となった。山々の純粋な石は、空がよく浸透して鉱石になり、不純な石は泥になった。

こうした鉱石のなかでも、空を多めに含むものは錫《すず》や鉛になり、純粋な石を多めに含むものは金になり、水を含むものは銀になった。泥は、銅と鉄に変化した。これらの色は、萩のような黄色、桐の花のような白、檜《ひのき》の木のような茶色、そして栗の木のような黒である。

これらの鉱石をすべて山々から掘り出し、タタラの炉を造り、空気を下から循環させて、鉱石を金属に製錬せよ」

最後の指示が、やや唐突に思えます。なぜアマテルは、人々に山で鉱石を掘り出すよう命じるのでしょうか。もしかして、土から金属への変容よりも精妙な霊的な目覚めの過程をさしているのでしょうか。少なくとも、用いる技術は、現実にあるものであり、古代の技術でもあります。タタラは、日本の黎明期からある製錬法で、その起源は未だ明らかにされていません。いずれにせよ、講話は多様な食べ物の成分の説明へと続いていくのです。

「花も実も神の摂理によって育つ。三元素でできている植物と魚は食べて良いが、二元素ないし四元素からなる鉱物と獣は食すに適さない。玉は通常、二元素が結晶化したものだ。他の鉱石は、製錬すると利用できる金属になる。

三元素から成る昆虫は、水を含む植物を摂取して育つが、ふつう声を出さない。だが、風の元素によって美しい音色を奏でるようになる。これと同様のことが、飛ぶ虫や土に棲む虫にも言える。

鳥は、空、風、火と水の四元素から成る。（中略）獣は、埴、水、火、風の四元素から成る。（中略）塩は、海の潮から造られ、それは月の精を受けて精製され、触れるものすべてを浄化する。私たちは、塩を毎日摂り、悪霊を祓うために塩を撒き、戸口を守るために塩を盛る。身についた穢れを月の霊妙な力が取り除いてくれるからだ。

貝類は、水、埴、火の三元素から成り、泳ぐ魚は、水、空、火から成る。特に、鱗をもつ魚は食すのに適しており、体を浄化する。しかし、鱗のない魚は、火が過剰で臭みも強いので、食べるべきではない」

このほか、陸の動物は、空の元素を欠いているので「太陽と月のどちらの精霊も受けていない」ということも語っています。「従って、我々が獣の世界に堕ちたら、人間の姿には二度と戻れない」と述べています。

「水鳥は、その火の元素が勝らないようにするなら、たまには食べても良い。**しかし、陸の獣は毒に等しいので、食べた者はその後三日間は薬物のみを食べて身を清めなくてはな**

らない」ということも語っています。注目したいのは、現代日本では菜食主義は非常にまれなのに、類似した教えが『日月神示』にも記されている点です。

中国に教えたアメナル道

さらに、アマテルは彼のようなカミになりたい者にむけ、魂消《たまげ》るような教示をしています。

神代には千代見草、（いわば「千年草」）が富士山頂に育っていて、アマテルはこの根を食したので、不老不死の身も同然になり、一二四万年も生き続けることができそうだと語っているのです。

だが、あまりの苦さに常人は食用ではないと思ってしまいます。その苦い味があまりにきつく、また日本最高峰の頂にのみ生育するため、真の天なる指導者、アマテルのようなアマカミのみが食して不老不死になれたのでした。千代見草を探そうとしている方にはお気の毒ですが、ヲシテ研究者たちは、この植物はもうすでに絶滅していると考えています。

千代見草は、近代以前の日本の文書には一切登場しませんが、もしユリウス・エヴォラが千代見草のことを知っていたなら、彼が苦笑いする顔を見ることができたかもしれません。

エヴォラは、古代の長寿草に関心があり（例えばギリシャの神々が食したブタクサ類、ヴェーダのソーマ草、イランのハオマ草といった高山植物）、それらは不老不死にまつわる得難い知識の伝統的な象徴ではないかと感じていました。千代見草はこのパターンに該当するうえに、山頂に自生し、常人には手が届かないことから、印欧の長寿草よりなおさらこの象徴パターンに合致しているといえます。

アマテルの講話の最後のほうで、初期のカミであるトヨクンヌが中国に居留地を造ったことを教えてくれます。しかし、そこに居住した子孫たちは、気候が違うので千代見草や正しい食生活のことを忘れ、そのうち肉類など禁止されたものを食べるようになってしまい、その結果、わずか一〇〇〜二〇〇歳の短命になってしまったのです。トヨクンヌの末裔の一人、西王母《せいおうぼ》（三五〇〇年以上前に供物を捧げ祀られていた実在する古代の神）は、この中国の状況を嘆き悲しみ日本にまた教えを乞おうとやってきて、アメナル道を授けられたとされています。

実のところ、**日本の歴史が中国よりも古いことを記す文書はホツマツタヱだけではありません。**西暦八〇〇年頃、日本書紀が正史としての特権を認められたのですが、その頃に、日本は朝鮮半島や中国の数王朝の祖であると主張した歴史書二冊が、当時の政府により焼却されてしまったのです（注17）。

この焼却された歴史書の写本は残っていませんが、ホツマツタヱと何らかの関係があったのかもしれません。

一九六六年に神田の古書店で松本善之助が見つけた文書は、古代風の叙事詩であって、『アエネーイス』に並ぶ長編といってよいものでした（注18）。

ホツマツタヱは、日本全国にある数千の神社の存在する意味を明らかにしていますが、この文書が無ければ謎のままであったでしょう。さらに、受け継がれてきた多くの信条が正しかったことも例証されています。

にもかかわらず、現代日本の学者たちは、一瞥をくれようともしなかったのです。本格的な調査研究が、いま求められているのです。

第五章

カタカムナの渦巻きが物語るもの
——見えない世界と共鳴する波動科学が
太古にあったのか

聖なる科学

これは科学でしょうか、それとも魔術なのでしょうか。

カタカムナ文書を研究して、渦巻きの形をしたその「八鏡文字」が示している「直観物理学」を理解しようとすると、科学か魔術かの問いかけを超えたところから始めなければなりません。それは、ありきたりのニュートン科学の領域では理解不能だからです。

カタカムナを一般向けに説明しようとした解説書はいくつかありますが、これらを見ると、カタカムナ文書の内容を語ろうとする場合には、記述はあいまいで秘教的な言葉を用い、奇妙な新造語で語るほかないようですね。

たとえば、ある解説書を見ますと、表紙には中世の錬金術の挿絵が飾られ、グルジェフやゲーテを引用し、サイクロトロンを馬の尻尾と比較してカタカムナ文書の意味を解釈しようと試みています。別の解説書では、神智学や発生学、古代シナの哲学にカタカムナの光を当てて説明しています。こうした著者たちは、例外なく、様々なレベルの説明を用いて解釈し、文書本来のメッセージをひきだそうと解説をつけています。

本章でこれから取り組もうとしているのは、現象を研究する通常の科学ではありません。それは、どうやらルネ・ゲノンという偉大な思想家のいう「聖なる科学」のようなのです（注1）。

「聖なる科学」とは、世界を形作っている様々なシンボルから深い意味を引き出そうとするもので、閉鎖的な「哲学」や「システム」ではなく、すべてを包括する知識体系と言えるものです。「科学」という用語は、過去数世紀にわたり、錬金術や占星術、古代魔法の実技を含めた様々な知識を説明する上で用いられてきました。

ゲノンは、ギリシャ神話やインドのヨガを研究した結果、彼が説明しようとする不朽の知識は、太古にあった根本的に異なる世界観から生まれたもので、その起源は太古の昔にあると信じていました。

これから調べるカタカムナ文書は、古代に書かれたといわれており、出現したのは一九六六年でしたが、果たしてこれはゲノンの言うのと同じ「聖なる科学」に属するものなのでしょうか。

「聖なる科学」の形とはたらきについてゲノンは説明していますが、これは、日本では珍しい種類の古伝、カタカムナを理解する上で役に立ちます。カタカムナ文書の謎は、解明が難しいのですが、たぶんゲノンの著書を読めば、カタカムナの科学に挑戦している日本の著述家たちが他の「聖なる諸探究」との類比で考えているのは正しいとわかってくるはずです。

私が本章で用いた著名な書物の中には、阿基米得《あきよねと》という秘教家の書いた『謎のカタカムナ文明』（一九八一）と関川二郎《せきかわじろう》、稲田芳弘《いなだよしひろ》の『カタカムナへの道』（二〇〇九）などがあります。

山中で見つけた巻物

カタカムナ文書は、楢崎皐月《ならさきこうげつ》が世に出したもので、その解読は、彼の生涯と重なり合っています。彼の伝記は、詳しくまとめられていますが、彼の思考方法は謎めいています。

楢崎の前半生は、石炭の液化と鉄の精錬を研究するごく普通の技師でした。のちに満州国を樹立した関東軍に雇われ、吉林市での秘密計画に従事することになります。その秘密計画は表向き鉄の鋳造といわれていましたが、実際は「大規模な爆発力」と彼がぼかして言っていた別の作業だったようです。

楢崎の娘さんは、原子力に関する研究ではなかったかとみていますが、彼の研究班の資料は一九四五年、終戦の年にすべて焼却されてしまいました。唯一信頼しうる情報としては、楢崎の発明を時の東条英機《とうじょうひでき》首相が激賞し国家機密に指定したという情報があるのみです。

楢崎皐月

第二次大戦が終わり、満州から帰国した後は、農民たちに「植物波農法」と名付けた技術を教えようとしました。それは、電磁波を注いで農作物を元気に育てようとするものでした。それからほどなく彼は星《ほし》製薬という小企業に雇われます。著名な科学小説作家の星新一《しんいち》は、この星製薬の社長の息子でしたが、彼の書いたものによると、楢崎は、電流を用いて食べ物やお酒の味をよくし、健康に役立つものに変えることができるとしきりに説いていたそうです。

一九四八年に楢崎は星製薬を退職し、日本全国の地電流を測定する調査に乗り出します。**その結果、古史古伝の世界を発見するに至るのです。しかし、その発見をすぐに公表せず、一七年間も秘匿したまま、少しずつ独自の方法で解読を進めていきました。**

その間、一九五〇年代の初頭に、彼の奨励した植物波農法は、三つ巴の闘いに巻き込まれていました。闘った相手は、一つは、日本共産党の推薦していたルイセンコ農法で、これは植物の交配によって改良していこうというソ連の科学でした。もうひとつは、世界救世教の広めていた観音農法で、これは有機農法のひとつで現在も「自然農法」の名で宣伝されています。

このころ、楢崎は古伝の伝える科学体系に即した独自の科学を創りだそうとしており、一九五八年に、植物、物質と人間に共通する法則をまとめた『静電三法』という著書を出版しています。この本は、通常の日本語にない特殊な技術用語を用い、特殊な意味を与えた複合語や新造語を使っているので、きわめて難解なものです。『静電三法』の中では、カタカムナ文書について触れていませんが、なぜ触れなかったのか不明です。古代の日本人は、素粒子物理学をよく知っていたと書いていますが、その根拠は、なぜか独自の解釈による古事記と日本書紀に置いていたのです。

植物波農法については、後藤芳宏《ごとうよしひろ》が『農業管理』の二〇〇六年二月号に寄せた記事の中で、静電三法は土の中に電極をさしこむ方法だと述べています。後藤は、やせているソバ畑の下に木炭を敷き詰めて実験したところ、元気の良いソバが一様に取れたと言っています。この不思議な効果は、まだ別の独立的な研究で立証されていませんが、楢崎の研究を通じて農業科学が改良されるかもしれないということを示唆しているように思われます。

楢崎がカタカムナ文献について公に討論し始めたのは、一九六六年のことでした。戦後の超古代史研究者として登場した楢崎は、自分の記憶が確かであったか、そして自分の感覚が頼りにできるのか戸惑いつつも、カタカムナ物語に見出した真理を生涯にわたって説き続けたのです。楢崎の語る物語を、以下聞いてみましょう。

一九四九年のことでした。まだ米占領軍が支配していましたが、日本は悲惨な戦争の廃墟から抜けだそうとしていたころです。この時期の科学者たちは、条件の厳しい中で調査することに慣れていました。兵庫県の六甲山系の山中で、楢崎皐月は助手たちを引き連れて歩き回っていたのです。人跡のまれな場所で地磁気の流れを測定しようとしていたのでした。楢崎は、狐塚という小高い丘にたどり着き、そこで仮小屋を設営しました。振動計や導線を張って土地の振動や電流を測定し、労をいとわず少しずつ記録していったのです。

一九五〇年の一月のこと、中年の猟師が楢崎の小屋にやってきて、「お前さんたちは、いったいここで何をやっているんだ」と尋ねました。「泉に妙なものを仕掛けてあるから、動物たちが水を飲めないで困っているじゃないか。すぐに仕掛けを取り除けよ」と言いました。

楢崎は、言われたとおり器具や導線などの仕掛けを外しました。

次の日、その猟師は巻物の束を抱いてきて「おお、はずしてくれたな。お前さんたちは感心だ。お礼にこの巻物を見せてあげるよ」といい、楢崎に巻物を手渡したのです。それは、数世紀前のものと思われるぼろぼろの紙に書かれた八巻の文書でした。その文字は日本語の文字ではなく、円や十字を組み合わせた渦巻き状のものでした。

猟師は、自分の名前は「平十字《ひらとうじ》」であると名乗り、父親は、この山奥にあるカタカムナ神社の宮司をしていたと語ったのです。

この巻物は、カタカムナ神社の古代のカミさまの宝物で、許可なく見たものは目がつぶれるという言い伝えがあるものでした。平十字は、以前ある教授にこれを見せたところ、旧家の定紋か刀の鍔《つば》の模様に違いないといわれて失望していたのです。それで、彼は楢崎に正しい見解を教えてほしいとお願いしたのでした。巻物を点検した楢崎は、それは正真正銘の文字であるばかりか、その文字の名前も実は知っていたことに気づき、びっくりしたのです。


振り返ってみると、一九四一年、楢崎が満州で鉄の精錬の研究をしていたころ、珍しい出来事に出くわしていました。

ある日、満州人の鋳鉄業者に頼まれて仕事を休み、数キロ離れた南方の山中の道教寺院に一緒に出掛け、お祭りを見物することになりました。北山の道教寺院で開かれたお祭りを見物し、お布施をたっぷり弾んだところ、寺院の道主が驚いて楢崎を寺院の中に招き入れたのです。

道教寺院のなかに足を踏み入れた日本人は、楢崎が初めてでした。道主の蘆有三《ろうさん》は、楢崎を座らせてお茶をすすめました。お茶は、珍しい鉄製の薬缶《やかん》で沸かしたものでしたが、それはなんと一握りの木の葉だけで煮えたぎるものでした。

楢崎は、この不思議な薬缶に引き付けられ、すぐれた中国の鋳造法に感心しました。その晩、吉林市に帰った後も、その薬缶の謎が気になって仕方がありません。そこで、翌日も寺院を訪ね、どこに行けばこの素晴らしい薬缶が手に入るか聞いたのです。道主は、それは言えないが、この薬缶は実ははるか昔に日本から渡ってきたものだと答えたのです。

北山道教寺院

楢崎は意表を突かれ、そのまま帰宅したのですが、どうしても知りたくなり三度目の訪問をしました。三度目には、さすがに通訳もあきれ果て同行してくれなかったので、楢崎はやむなく筆で漢字を書いて蘆道主と会話しようとしたのです。道主は、最初はいやがっていましたが、やがて筆記を始め、信じられないような驚くべき秘密を明かし始めたのです。

道主の話によると、**石器時代から数世紀さかのぼったころ、日本にアシアと呼ばれる氏族が住んでいたというのです。アシア族は、八鏡文字という文字を持ち、薬学や核物理学、生命の意味などの高度の知識をもっており、それは現代人をはるかに超える完璧な知識だったといいました。**

薬缶の鉄は、そのアシア族の特別な精錬法で作られたものだったのです。シナの指導者や思想家は、超古代日本の伝統を懸命に伝えようとしてきたが、アシア族の存在に関する情報は紙に書き残さず、秘密裏に伝えてきたというのです。

この秘史を知った日本人は楢崎が最初で最後となりました。

猟師か狐霊か

楢崎は、カタカムナ神社の文書の文字を見たとき、すぐさまこの八鏡文字を思い出したので、平十字に巻物を貸してくれないかと頼みました。文書は、カタカムナ神社の秘伝とされていたので、貸し出すことは無理でしたが、渦巻きのような八鏡文字を研究ノートに書き写すことは許されたのです。一か月にわたり、楢崎は、平十字の前で筆写し、古代シナに渡ったといわれる文字の由来についてときどき話しました。彼は、山を下りるとき、その写本を持ち帰ったと言っています。

読者は、この物語は実際の話というよりも、なんとなくおとぎ話のようだと感じるかもしれませんが、そう思うのも無理はありません。平十字というのは明らかに実名ではなく、八鏡文字の中にある十字から連想して名付けたのではないかと思われます。カタカムナと名のつく神社が存在した形跡もありません。楢崎の助手を務めた人物も特定されていません。ただ、楢崎はその頃六甲山中にいたという逸話が残っているばかりです（注2）。

しかし、竹内文書の研究者たちが、しばしば個人的な幻視や異次元からの情報に基づいてその真実性を説明しようとしたのに対して、カタカムナの研究者たちは事実関係を綿密に追求して、その物語の特異な性格を認めようとしています。

奇妙に思えるのは、楢崎自身も「猟師」なるものが実際に人間であったとは信じていない様子なのです。というよりもむしろ、**楢崎が出会ったのはある「知的なはたらき」なのだろうと彼自身信じていたようなのです。**楢崎は、他の超古代史の著作者らと符節を合わせるように、こう語っています。

「古事記や日本書紀は、二〇〇〇年前の日本人によって書かれた、カタカムナに対する一つの反応といってよいだろう」

「古事記、日本書紀もカタカムナに対する二〇〇〇年前の日本人の一つの答案であったと言えよう。上記《うえつふみ》も八〇〇年前の人の見解だ。そして、現代の私は、今、こういう形の物を受けとり、二十世紀の日本人としてこう読んだという答案を示しておくのだ」（注3）。

ちなみに、ルネ・ゲノンは古代インドのヴェーダのミマーンサ学派の解釈について、似たような問題にぶつかり、それは名前のはっきりしない未知の著者たちによって書かれたものだが、著者は実在の人物ではなかったと結論付けています。

「この場合の著者は、歴史上の人物でも伝説上の人物でもないということはすぐわかる。著者は、いってみれば永遠に働き続けている、ある『知的なはたらき』そのものなのである」

たしかに、**カタカムナを伝えたとされる平十字は、ゲノンが高く評価する、ある「知的**

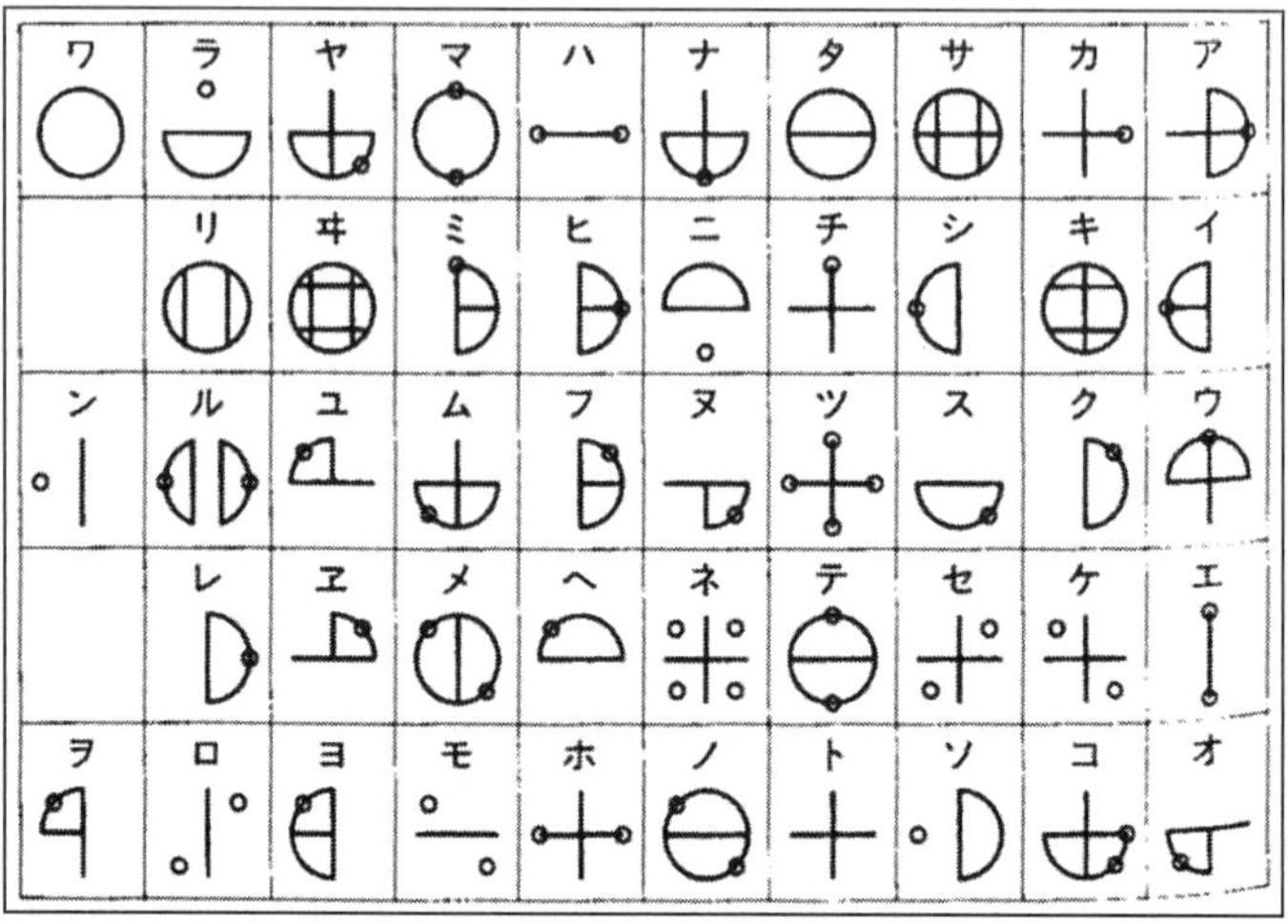

カタカムナ文字

なはたらき」といってよいものです。面白いことに、ゲノンは『十字のシンボル』と題する著書を出しています。

ある指導者ないし伝言者を一つの原理（はたらき）と結びつけるというやり方は、楢崎が行ったことですが、それは不朽の知識というものはあからさまに超自然的な方法を用いて直接伝えることができないという考えに基づいています。それは私的に、秘教的な方法でカタカムナのような不思議な物語を通じて語るほかないのです。

現代においても、楢崎のほかにもこのような手法で、ある物語を語った人物がいます。

例えば、カルロス・カスタネダは、楢崎の物語の二年後に『ドン・ファンの教え』と題する本を出版し、鳴り物入りの宣伝をしましたが、慎重な読者から厳しい批判を浴びています。楢崎と同じく、カスタネダは不思議な男と出会ったと書いていますが、誰もその人物を見たものは無く、男の居たという場所も誰ひとり確認できていないのです。そして、ふたりとも、このありそうもない情報源から秘密の知識を入手したと言っています。違いといえば、カスタネダの物語は途方もない内容で厳しい批判を浴びたけれどもペーパーバックで大量に売られたのに対し、他方、楢崎の本は目立たず、小さな自己出版の雑誌で配布されたにすぎないということでした。

このような本から何か学びたいという人は、まず著者がどのような経緯で情報を得たのかについて知る方法を理解しておかねばならないのです。

もしカタカムナの著者が、ある「知的なはたらき」であったとしたら、それはどうやって楢崎を見つけ出したのでしょうか。楢崎の著作を彼の亡くなったあと検証した研究者たちによると、楢崎はこれについてある予感を抱いていたとみています。

楢崎は、険しい山奥で過ごしていたとき、狐塚のふもとで何回も狐霊に供物を捧げたことがあると書き残しているのです。狐の霊は、見えたと思うとたちまち消え去っていったそうです。

彼は平十字にこの奇妙な現象について尋ねたところ、「ああ、あれは俺だったんだ」と答えたのです。

「でも、お主《ぬし》の姿は見えなかったよ」と楢崎は驚いて声をあげました。

「もっと近づいてよく見りゃ見えるんだが」と平十字は不満そうに語ったのでした。

日記の中で、楢崎はもしかして十字は狐ではなかったかと記しています。日本の狐は、よくこんな行動をとるからです。


しかし、秘教家の阿基米得《あきよねと》は、違う解釈をしています。楢崎研究所の刊行雑誌によると、平十字がある時急に現れ、楢崎に話し始めたことがあります。それは、カタカムナの家系の最後の頭領、アシアトウアンが皇室の祖先と闘い、負けて九州に逃げたという話でした。ここで道教寺院の蘆有三がアシア族について説明していたことを思い出してください。

その雑誌には、狐塚は平安時代の陰陽師、芦屋道満《あしやどうまん》の墓と伝えられていると書いてあります（注４）。芦屋道満は、日本のマーリン――アーサー王物語に出てくる魔法使いの老人マーリンに匹敵するような存在です。阿基米得は、平十字はまさにこの芦屋道満の霊体ではなかったかと見ています。

相似象のカムヒビキ

カタカムナ文書を詳細に研究した結果、楢崎は自分の感情や行動についても理解を深めることができるようになりました。楢崎の生涯は、一〇〇のうち九九はうまくいったが、残りの一パーセントは何か落ちつかないものを感じていたので、いつも満ち足りた気持ちで生活することができなかったといわれています。

カタカムナの教えによると、**この落ちつかない現象は「カミカタリ」と呼ばれる見えない世界との共鳴ないし振動のある型とされています。**この一パーセントの部分は、物質生活の中ではほとんど気がつかないが、物質世界の上にあって物質世界を支配しているものなのです（この点は、日月神示にいう九分九厘や一厘の仕組みが、見える世界と見えない世界を示唆しているのと奇妙にもよく似ています）。

一九六六年に、楢崎は「相似象」と名付けた定期雑誌を出版することになります。相似象というのは、彼の発案になる用語で、物理的なもの同士が相互に似ている現象をさしています。こうして、楢崎は、カタカムナ文献に見出した教えを提起し始めたのですが、最初は、八鏡文字を写したノートを公開しようとしませんでした。その代わりに、彼が公開したのは、「カムヒビキ」と呼ばれる共鳴の解釈から着想をえた一連の詩だったのです。

一九七〇年から一九七三年にかけて、楢崎は「カムヒビキ」と題する一〇四の詩を出版しました。それは、「宇宙の解明から地質学、農学、樹木学、衣料製法」などに至る一三の項目に分類されていました。それはカタカムナ文書とおなじ価値を持つものとみなされていたのです。一九七〇年に、彼は宇野多美恵《うのたみえ》という女性を後継者に任命し、一九七四年に死亡した後、彼女が相似象の出版を引き継いだのです。

宇野は、仏教の経典について研究しており、興味深いことにゲーテについてもよく知っていました。ゲーテは「科学」に近づく新しい研究手法を開発しようとした人物ですが、宇野のほかに当時そのことを知っていた日本人は非常に限られていたはずです。

異なる生命形態に類似の要素がみられるという「相同関係」を最初に発見したのはゲーテで、そのことは『植物の変容』（一七九〇）という著書に書かれていたのですが、当時の科学の主流はゲーテの仕事を評価していませんでした。**楢崎の発案した「相似象」は、まさにこの「相同関係」の意味であり、新しい科学を打ち立てようとした楢崎の試みは、ゲーテの仕事に匹敵するものでした。**

宇野は、楢崎のノートを一九七九年に出版し、楢崎がどのようにカタカムナ文書と八鏡文字を発見したのか、関連資料を公開しました。楢崎と同じように、宇野はカタカムナの発見を広範に宣伝しようとはせず、自費出版の定期雑誌を関心のある読者だけに配布したのです。一九九七年から二〇〇三年にかけて、楢崎の詩の解説を始めましたが、宇野は二〇〇六年の別荘の火災で焼死し、こうして相似象の出版は終わりを告げたのです。

アマウツシのことたま

カタカムナ文書は、単にその主張を読み取ったり、詩として耳を傾けたりするに留まるものではありません。それは、超古代のカタカムナ人が話していた言葉であって、それぞれの単音にコトタマの意味が内包されているとみるべきなのです。

カタカムナの詩は、内なる創造の感性を呼び覚まそうとするものですから、**それを読めば、作者の考えが読み手に伝わるだけでなく、一つ一つの単語の起源をさらに探ることによって、新しい解釈やひらめき、発見が促されていくのです。**

カタカムナの最初の詩は、こんな風に記されています（上図）。

かたかむな　ひびき　まのすへし　あしあと
うあん　うつしまつる　かたかむな　うたひ

カタカムナの最初の詩

この詩をそのまま訳すことは私の手に余ります。その代わり、それぞれの単音とその組み合わせについて解説することはできますので、それを理解したうえで詩をもう一度読み返してみてください。

「形の世界（カタ）はエネルギー（カ）の分か

れたもの（タ）であり、その本質（カムナ）から引き出されている。カムナとは、定性的（ム）な存在（ナ）のエネルギー（カ）のことである。カタの裏にある無限の非物質的なカムナがいまも反響している（ヒビキ）。

この共鳴によって、我々は『宇宙空間を管理している物理力と同調するための微細な力にめざめる』（マノスヘシ）のである。響きとは、歌（ウタヒ）であり、本質（ウ）を受けとる場合の区分（タ）を造りだすこと（ヒ）でもある。

アシアトウアンは、この歌を通じて本質（ウ）を受けとることを代表して行い（ツシ）、この受け取り（マ）の手法を守りつつ（ツル）、カタカムナのウタヒを写しとり（ウ・ツシ）これを称える（マ・ツル）のである」

以上みてきたように、カタカムナの単語の単音は、「直観物理学」において直観した個別の概念に対応しています。そして四八の単音のいくつかを組み合わせて新しい単語を造ると、単音が相互に反応し共鳴し始めるのです。

これらの単語には、現代日本語にまだ残っているものもあり、たとえば、ナは名前、カタは形、ウツシは筆写、マツルは奉献を意味しています。そして単語をもっと分解すると、深い意味が現れてきます。例えば、マツルという単語は、崇拝する習俗をさしていますが、これを分解すると、祖先たちが本質（マ）の次元から力を受けとる手法を守り続ける（ツル）という意味であったことが解ってくると言います。

タ、ムといった単音の意味は現代では忘れられていますが、それだけにカタカムナの古代日本語を理解することが重要になってくるのです。

回転する八鏡文字

カタカムナ文献の八鏡文字は、すべて円と線と丸からできており、超古代の日本語の音に対応しています。次図に示したように、文字は直線状に配置されず、中央から外側に向かってらせん状に配置されています。このような書き方は、世界中の文字の書き方で見たことがありません。

八鏡文字の渦巻きの中心には、言語的というより宇宙的な意味を伝えているシンボル文字が置かれていますが、これは詩が生まれてくるひらめきの源を象徴したものです。一番よくつかわれるシンボル文字は、ヤタノカカミと呼ばれるもので、これは、普通は皇室の宝物の一つ、「八咫《やた》の鏡」と呼ばれています。このヤタノカカミの中心車軸から出ている回転の動きは、ゲノンの『世界王』に書かれたサンスクリットのチャクラヴァルティン（「車軸を回すもの」）を思い出させてくれます。

ヤタノカカミの車軸は、どういうわけか四つの部分に分けられ、大きい円に沿って八つの小さい丸が配置されています。宇野は、ヤタノカカミの形を分解して八鏡文字それぞれの意味を説明しています。それによると、ヤタノカカミの文字は、独自のヒフミ歌、すなわち旧事紀七二巻本のヒフミ歌に似た天地創成の歌だというのです。ヒフミ歌の文字を組み合わせると、ヤタノカカミの形が現れてくるのです。宇野は、このシンボルを昼と夜の光景のようなものと想像してほしいと言っています。

「ヤタノカカミの中の水平線は、この世の様々な現象が生まれてくる地平を示し、垂

直線は真ん中に立って現象を観察している人間を示している。東から光が昇り、上半分は昼間を意味し、下半分は夜間を意味している。

したがって、ヒフミ歌——ヒフミヨイ　まわりてめくる　ムナヤコト（一、二、三、四、五からさらに回転して六、七、八、九、十と回る俳句調の文句）において、ヒは日の昇る東を意味している。フ、ミ、ヨ、イは、円の上を一つずつ左回りに回って目に見える世界を表し、ム、ナ、ヤ、コ、トは下半分の見えない世界を表している。

宇宙のあらゆるものは、大銀河系から素粒子に至るまで、すべて回転体（マリ）であり、闇と光の間で自転と公転を続けている。ヒフミヨイ・ムナヤコトは、ご承知のとおり、一から十までの連続した数字でもある」

カタカムナ数字の意味
ヒ↓始まり、フ↓成長、再生、ミ↓顕現、物性、ヨ↓通過、変化、イ↓場所、ム↓本質、ナ↓存在、名前、ヤ↓安定、均衡、限界、コ↓変革、回転、ト↓統合、合成、解体

こうしてみると、ヒ、フ、ミ、ヨ、イの八鏡文字は東から西に天空を移動する太陽の動

きに似ており、ム、ナ、ヤ、コ、トの文字は「水平線」の下を右回りに移動しているように見えます。西欧の数秘学で最も魔術的な数とされる六と七は、カタカムナでは「ム」、「ナ」であり、それぞれ「性質」、「存在・名前」を意味するとされています。つまり、この二つは、見える世界の裏にある本質の次元から来る力、「カムナ」に含まれていますね。一から十までの数字を組み合わせると、ほとんどの詩の中央に置かれているヤタノカカミになるのです。

ヤタノカカミの象徴記号に比べると、あと二つの象徴記号（フトマニとミクマリ）はめったに登場しません。

フトマニと呼ばれるシンボルは、全八〇の詩のうち、わずか七つの詩において、螺旋形の詩の中央に配置されています。これは、神宝の草薙の剣を象徴したものといわれますが、古代の神託法を思い出させます。

また、ミクマリと呼ばれる只《ただ》の丸い円が、二つの詩において中央に配置されており、これは「あらゆる要素の組み合わせであり、あらゆるものの起源」であると説明されています。

このミクマリは、西洋の古伝承である「すべてを包括する」球体と似たようなシンボルであることは明らかです。それは、プラトンの『ティマエウス』にさかのぼる概念であり、ゲノンは、これについて以下のように推理しています。

「この球体は、もっとも普遍的な形であって、ほかのあらゆる形を内包するものと言うことができる。すべての形は、この球体から派生し、それぞれの方向に向かって差異化することで生じる。そういう訳で、球体は各地の古伝承でも『世界の卵』とされ、『全球的』な統合を意味すると言われる形である。原初の胚芽の状態であるこの球体から、あらゆる可能態が生まれ、現象に顕現していくサイクルへと発展していくのである」

ゲノンによれば、**球や円は計量できないものを象徴するのに対し、四角形や立方体は簡単に計量でき、現象として現れるものを象徴するといいます。**円の面積や球の体積は、合理で割り切れない、超越的な数のパイ（π）を用いて計算するほかありません。したがって、円や小丸の組み合わせからなる八鏡文字は、より高い次元の軽量できないものを象徴する形としてふさわしいということができます。

球体のシンボルは、カタカムナの文字や内容を理解するうえで、カギとなるものです。本質の世界は、「宇宙球」と名付けられています。もっとも、阿基米得は、この宇宙球はデカルト空間に浮かんでいるボールのようなものと誤解してはならないと注意しています。

カタカムナ文書にいう「空間」は「ニュートン力学の時間や空間とは全くことなる性質のもの」なのです。読者は、「連続した均質で等質的なユークリッド風の無限空間」を想像してはいけないし、直線的な時間の流れを想像してもいけないと阿基米得は語っています。

ゲノンもまた同じようなことを指摘しています。「デカルト風の機械論」は均質性を前提としているので、宇宙を説明するには不向きであると警告しています。さらに、ゲノンは、球体のシンボルは、太陽など丸い形をしたものを単純に表現したのではなく、太陽だけが映すことのできるある完全性を示しているのだといっているのです。

カタカムナ文明の直観物理学

私は、カタカムナ文書を「古史古伝」に位置づけましたが、それは表記法や出現の仕方がそのように見えたからです。しかし、カタカムナ文書の解説者たちは、歴史そのものにまったく関心を持っていないようなのです。

彼らは「直観物理学」――つまり、**実験によって実証する物理学ではなく、全一的（ホリスティック）な宇宙の性質を直観的に理解しようとする物理学に主たる関心を抱いているのです。**今日の読者なら、科学を意味するこういう「物理学」という用語に反対するでしょうが、しかし、ルネ・ゲノンがいわゆる科学主義から離れて用いようとした「物理学」そのものでもあったのです。

『物理学』という用語は、もとの語源からみると、限定されない『自然の科学』という意味でした。自然と成長は同義ですから、科学とは『成長』の一般法則を扱う学問でした。アリストテレスをはじめとするギリシャ人たちは、この意味で科学という

用語を用いていたのです。……近代で使う『物理学』は、本来の意味からは相当離れてきています。それは、自然科学の分野の中の一部門を扱う科学とされ、近代科学の特徴の一つである細分化の一例ともいえるものです。

この『専門化』現象は、分析的な態度から生まれたものですが、それが極端に進められた結果、専門化の影響を受けた人は、自然を全体として扱う科学というものは想像もできないようになっています」

もちろんゲノンは、瞬間的な神経反応による直観に基づいて「永遠の真理」を語ることには異議を唱えるでしょう。ところが、心理学者のイアン・マクジルクリストは、『主と使徒たち』という近著の中で左右の脳のはたらきについて楢崎と同じような見解を述べています。つまり、分析的な左脳は、啓蒙時代以降の知性を完全に支配し、左脳による専門化が右脳による解読や調和のはたらきを閉ざしてしまったというのです。

マクジルクリストは、このことを言い換えて、次のように語っています。

西洋文明は「有能ではあるが野心的な臣下の手中に陥ってしまったようなものだ。彼の下剋上によって、人々に平和と安全を与えてきた叡智の持ち主である『主君』は、鎖につながれて連れ去られてしまったのです」

ゲノンの批判の眼目は、まさにこの「主君」の実在に目覚めさせることにありました。ゲノンは、物体が相互に影響しあう力についての物理の知識を疑ってはいません。実際、彼は、これらの諸力のはたらく過程をわれわれは完全に理解していると認めています。しかし、このニュートン力学の不完全な体系は、古代ギリシャのフィジコス（物理学）の領域を侵しているのです。古代ギリシャの物理学は、自然界のあらゆる活動を包括するものだからです。フィジコスに対応する日本語の「物理学」は、「物の性理」という意味ですから、ギリシャ語と似ています。アリストテレスの物理学は、坂を転げ落ちるボールの原因について語るだけでなく、散歩する人間の原因についても語り、一つの物理体系のなかにこれらの諸力のはたらきを統合して説明しようとするものです。

カタカムナ物理学は、「物質」の均質的で不確定な性質といった狭い分野について研究を進めようとするものではなく、アリストテレスが投げかけた人間の知性や意思に関わる問いに答える言語を確立しようとするものです。カタカムナの解説者たちは、異口同音に

「カタカムナ科学は、全宇宙を研究するものであるのに対し、現代科学はその一部を研究するに過ぎない」と語っています。

事実、阿基米得は『カタカムナ文明の謎』で次のような議論を展開していますが、これはゲノンの主張とほとんど見分けがつきません。

「我々が科学と呼ぶもの、客観的に実証しうる科学とは、いったい何だろうか。科学者たちは、管理された実験施設の中で正確に測定する器材の数値を読み取り、理想的な数学体系をこれに適用しようとするが、それ以上のものではないと人々はみなしてきた。こういう科学では、自分の目と耳と指先で外界と接触することはできなくなるのである」。

関川二郎によると、カタカムナ物理学は偏屈な体系でも宗教でもなく、人に内在する知能を発達させる言語であって、それはだれでも発達させ、改良することができると言っています。まったくその通りで、**カタカムナ言語では物理学は「サトリ」、すなわち現代日本語で「深い理解」の意味なのです。**このサトリというのは、「知性を否定するものではなく、知的なはたらきを適切に伸ばそうとするもの」です。それによって、混迷から抜け出し、世界について深い理解を得るようになるのです。

アマウツシの情報を受けとった超古代文明

カタカムナの研究成果で最も重要なものは、カタカムナの象徴言語を認識し、それによって知的な概念を組み立て、諸概念を相互に関連付けることというものでした。

ゲノンは、真の聖なる科学は「体系（システム）」ではないと述べていますね。

聖なる科学は、一つの言語、超古代の祈禱文と考えると、わかりやすくなるでしょう。それは完成され閉鎖された体系ではなく、一つの言語において新しい言葉が出現したり、あるいは古い言葉がゆっくり洗練されたりしていき、しかしやがて同じような概念として伝えられていくのです。

カタカムナにおける世界の見直しは、「宇宙」という概念の把握から始まります。カタカムナの世界観においては、観測できる宇宙は、創成された宇宙の半面にすぎないのです。もう一つの半面は、見える世界と反対の状態で存在している見えない本質の世界なのです。

この二つの世界が「アマウツシ」と呼ばれる過程ではたらき合う時、新しい生命や思想、

芸術、その他創造的な活動が生まれるのです。現代日本語で、アマウツシというのは、「天から受け取る」という意味です。

人間社会がこのアマウツシに向かうやり方として、二つの道があります。

ひとつは、アマウツシをあくまでも個人的な体験にとどめ、日常の生活から切り離すことです。これは近代科学がとってきた方法で、関川に言わせると、これは「人間性の劣化につながった」といっています。このような科学文明は物質世界を超えたところに向かおうとする直観を抑圧するけれども、見えない世界が見える世界を支配しているのだから、科学文明はやがて自分の無知と思慮のない「反抗」から自滅するに至るとされています。

これに対して、カタカムナ人たちはアマウツシに目覚めていたので、日常の生活の切り離せない一部として取り込もうとしていました。こうして、彼らの日常は物質世界を超えたところから受け取った響きで満たされ、それを創造的な力に変換していたのです。

したがって、彼らの国は「カタ・カム・ナ」と呼ばれていました。**「本質」カムの世界から「形」カタとなって表れた「名、法」ナという意味です。**関川によると、現代の日本人はこれに気づかないでいるが、祖先たちはこうした知識を持っており、現代の日本語は超古代の昔から生き延びてきた言葉がたくさんあるといっています。

「日本民族は、見えない世界と『密接に向かい合っていた』社会から生まれたもので、始祖であるカミの用いていた上古の言語がいまも使われている」

カタカムナの世界では、どんな生活が営まれていたのでしょうか。文書そのものには、歴史的な情報が書かれていないので、その著者や生活文化についてはよくわかりません。おそらく数万年前には、狩猟と採取の生活をしていたのでしょう。

カタカムナ人は、アマウツシの情報を自然に受け取れる「イヤシロチ」と呼ばれる良い場所を探し、そこで祭りや集会を行っていました。そうした場所は、今日では日本最古の神社になっていますから、(関川によれば)現代の日本人はカタカムナ人の子孫であるということがわかります。また、超古代のカタカムナ人は、宇宙を理解するシンボルを皇室の三種の神器という形で遺してくれています。

関川の見解によれば、現代人は空間を「何もない空虚な広がり」と理解しているだけですが、それは現代人のイメージにすぎません。**カタカムナ言語によると、空間を意味する**

トコロは、マ（空いた場所）で満たされており、このマは現代日本語では「間に合わない」の例にみるように「機会」のようなものを意味しています。また、トキ（時間）は、同じくイマ（瞬間）で満たされています。したがって、すべての空間と時間はアマウツシが行われる始まりと瞬間であることが、それに気づけば判明してきます。

このアマウツシを制御するには、平凡な日常から逃れ、ただ「イマ」に集中し、そして現在の状態と行動をしっかり把握して日常から逃れる努力を重ねることとされています。日常生活では、同じような暇つぶしの行動を何度も繰り返しますが、このようなお決まりの日常こそ克服しなければならないのです。

「たとえて言えば、動物の毛が生え変わり、卵からかえり、あるいは花のつぼみが開くように、人間も古い習慣を脱ぎ捨て、正しい『響き』と共鳴することによって、心が活き活きとはたらき始めることができるようになります。仏陀や老子、キリスト、ソクラテスといった先哲は、これができたのです」。（関川二郎『カタカムナへの道　潜象物理入門』）

困ったことに、今日の人々は言語の中に残されているこれらの伝承に気づいておらず、

見えざる力である「カム」の実在を忘れつつあるのです。現代の日本語は、輸入された言葉で満ちており、それらはもとの古代的な言葉の響きを伝えていないのです。やがてこの物質文明は崩れ落ち、精神文明がその廃墟の上に築かれるでしょう。将来そうした精神的な目覚めが起きると、輸入した言葉を追放する必要が出てくるでしょう。

しかしながら、だからといって、関川は本来の大和言葉にすべて還れと高らかに宣言しているわけではありません。関川が言っているのは、「上手に向き合っている」現代文明には穏やかで女性的な陰の要素（アワ）が含まれているのに対し、本来の民族文明は活発で男性的な要素（サヌキ）を大いに促進するということです。

彼の主張は、ゲノンがまさに書いていることでもあります。

過去の伝承は今日では「失われ、あるいは隠されている」けれども、門を開く方法をわかっている少数の人びとの間では生き続けているのです。ゲノンに言わせれば「門を開く」の意欲を導き、調和のとれた響きを通じて古伝承が生き返るように仕向けねばならないのです。古代の伝承に近づく力は、たしかに弱くなってきていますが、「それでもこの物質文明の時代が終わりを告げるときは、古伝承の全体像が新たなかたちで現れてくるでしょう」。

イヤシロチを知る科学

カタカムナの研究者たちに言わせると、アマウツシの力は決して過小評価してはいけないと言います。宇野は、それを「マイナスのエントロピー」と考え、関川は「創造の基本原理」と呼んでいます。イサナキとイサナミによる世界の創成すらも、相互作用をする偉大な力を象徴したものと理解されています。

楢崎は、『静電三法』のなかで、興味深い考えを述べています。つまり、イサという言葉は、かつて「粒子」を意味し、ナミは波を、ナギは穏やかな凪の意味でしたが、それを思い起こせば、物質世界を生んだイサナミとイサナギは、それぞれ「波の粒子」と「凪の粒子」を象徴したものであることが分かってきます。

阿基米得は、著書の中で、マイナスのエントロピーの物理的な可能性について探求しています。オルゴンのエネルギーや錬金術さらにフランスの科学者C・ルイ・ケヴランの説についても調査しています。**ケヴランの大胆な仮説——生物の成長過程で元素変換が起きているという仮説は、フランス海軍と米陸軍の行った実験で確認されていますが、それ以外の科学会では無視されてきました。**別の著者は、「空間エネルギー」を導き出すために周りの空間からプラスのイオンを取り出す手法を理論化しています。

しかし、この「創造の基本原理」は、別の解釈が可能です。それは、言語を通じて考えを分かち合ったり、文化と社会をともに築いたり、創造的なエネルギーを芸術や文学に振り向けたりする人々の力を示していると見ることもできます。

著述家なら誰でもわかっていることですが、創造力をいつまでもしっかりした様態で維持しつづけることは容易なことではありません。アマウツシという原理は、その場所の環境に左右されますが、環境条件は現在の限られた科学の考えでは予測できない変化を起こすものなのです。

しかしながら、カタカムナ人たちはイヤシロチという肥沃な土地やケガレチという不毛な土地の諸条件を特定する科学を我々に伝えてくれました。イヤシロチの場所を特定すれば、作物を植える場所がわかります。こうして、イヤシロチという概念は、中国での風水と同じように、日本のニューエイジ世代の間で広まっていったのです。

阿基米得は、風水や英国のレイラインに言及していますが、同時にダウジングをイヤシロチの発見に最も役立つ手法として詳述しています（注5）。ダウジングという非常に効果的な方法の裏には、目に見えずあまりよく解らない過程があるはずですが、楢崎はその過程について説明できていたのか、彼は疑問に思っています。

ダウジングをするときは、直観物理学が示しているのとまったく同じ具合に、自然界のパターンと同調しているかのように感じるものだと阿基米得は主張しています。

阿基の主張の根拠は、どうやら一九七五年の英国の本にあるようです。その本にはこう書いてあります。

経験を積んだダウザーたちは、（ガイ・アンダーウッドやレギナルド・スミスなど英国の著述家も含めて）、どんな巨石も、地電流の中心にあるか、あるいはルート上にあることが観測して明らかになったと言っている。その地電流の動きは、ダウジングの竿で観測することができたのである。古代の墓や巨石は地球の『霊体』ともいうべき生命エネルギーのある場所に置かれ、生命エネルギーの流れを集約している。

こうしてみると、ダウジングもレイラインも風水も、イヤシロチも同じことを説明しているのではないかと思われます。

カタカムナ文書で展開されている概念――作用は見えるがその元は見えないエネルギーという概念を通じて、多くの著述家たちは縄文時代の土器にみられる古代の諸原理や漢方薬の作用、聖なる山々の力をより深く理解しようとしてきました。彼らは、必ずしもカタカムナ文明の考えを支持しているわけではありませんが、楢崎や宇野が他からは得られないある種の知識に触れたことを認めています。

ルネ・ゲノンは自分の直観の元を明かしていないのですが、叡智に関する近代の主張をほとんど受け入れていません。そして、『東と西』と題する本（一九二一）の中で、日本そのものは「西側」の国であると直観を語っています。

しかし、ゲノンは他方では、第四章ですでに見てきたように、近代人が発見した古代の

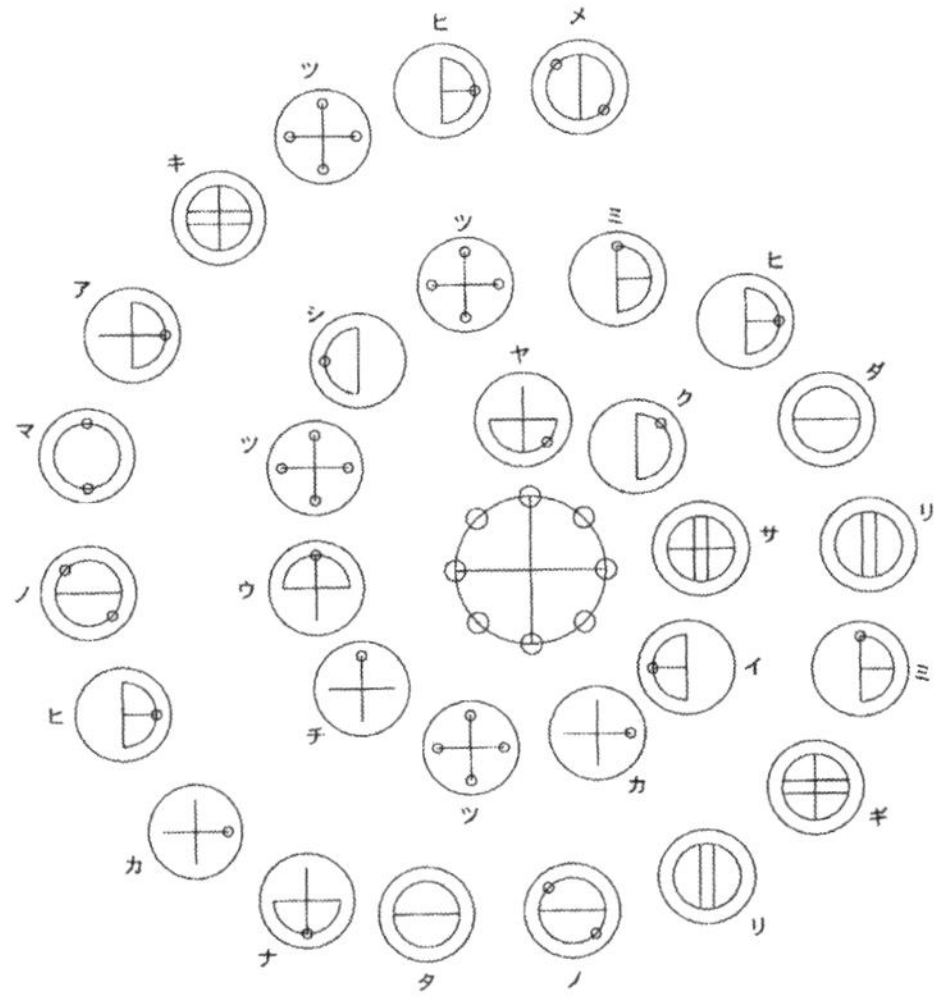
ヤ
ク
サ
イ
カ
ツ
チ
ウ
ツ
シ
ツ
ミ
ヒ
ダ
リ
ミ
ギ
リ
ノ
タ
ナ
カ
ヒ
ノ
マ
ア
キ
ツ
ヒ
メ

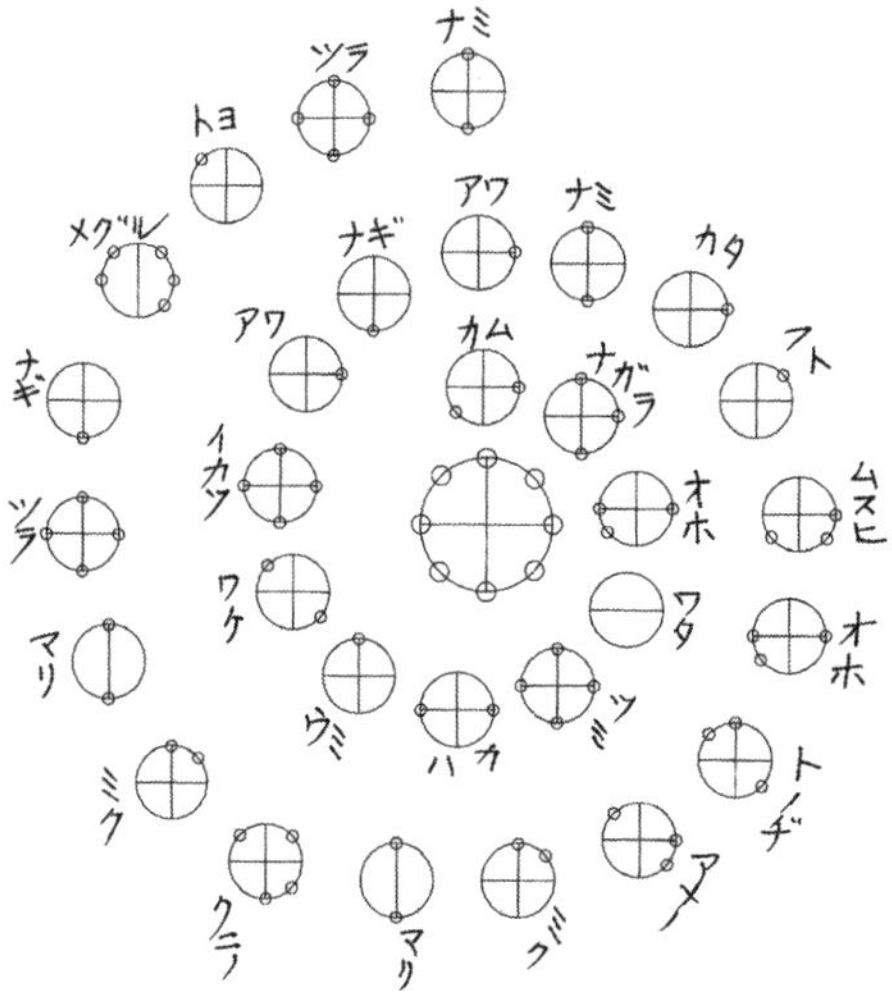
カム
ナガラ
オホ
ワタ
ツミ
ハカ
ウミ
ワケ
イカツ
アワ
ナギ
アワ
ナミ
カタ
フト
ムスヒ
オホ
トノヂ
アメ
クミ
マク
クラ
ミク
マリ
ツラ
ナギ
メグル
トヨ
ツラ
ナミ

叡智に関する報告には敏感でした。彼がカタカムナ文書について知っていたなら、どんな風に思ったか言いかねますが、カタカムナにはゲノンが「聖なる科学」を説明するために用いた用語の多くと似たものが含まれているように思われます。

ゲノンの解説したヘルメス文書やヴェーダ文書（注6）と同じように、カタカムナ文書も大方の読者から見放されていますが、カタカムナを好む少数の読者に対しては、強力な象徴言語を提供しています。そのカタカムナの象徴言語を通じて読者は、宇宙創成のはたらきと順序を次第に理解していくようになるのではないでしょうか（注7）。

第六章

竹内文書が語ろうとしたもの
——超古代のスメラミコトの教えは、なぜ世界に広まっていったのか

位置づけ

「古伝承の世界では、君臣の権威は、人間を超えた超越的な出来事に由来していた。それがあったから、人々は、君に臣は従い、畏《おそ》れ、敬ったのである」

こう書いたのは、ユリウス・エヴォラでした。

もし、ある高貴な家系が、数百年前にこうした超越的な出来事を伝える超古代の秘伝書を持っていたとしたら、どういうことになるでしょうか。読んでみたいと思いますか。そんな秘伝書はでたらめだ、詐欺話だとほとんどの方は言うに違いありません。

でも、本書の読者をはじめ、ごくごく少数の方は超古代の伝承の世界から記録が直に伝わってくることもあるかもしれないと興味を持つことでしょう。そういう方々は、竹内文書が、まさに超古代の真理を伝えるものと確信を抱くに違いありません。

あとで見るように、竹内文書は厳密な歴史書というよりは、啓示された書と受け取るべきものです。読者は、想像力を働かせながら超古代の旅をし、自分の目で眺め、それから現代に帰って周りの世界とどのようにつながっているのかを点検しなければなりません。そうすることによって、この日本の古伝承を世界の古伝承群のなかに位置づけ、諸民族が断片的な形で共有してきた普遍的な英智に形を与え、もっと精緻な物語に仕立てていくことができるのです。

この竹内文書は、大日本帝国の時代に心霊研究者たちの心をとらえました。その中で最も大きい存在は、酒井勝軍《かつとき》という風変わりな古史研究家、探検家でした。戦後も、ニューエイジの評論家であった高坂和導《こうさかわどう》（一九四七―二〇〇二）や合気道創始者の植芝盛平《うえしばもりへい》の弟子であった中薗雅尋《なかぞのまさひろ》（一九一八―一九九四）が信奉者として有名です。

しかし、ここで強調しておかねばならないのは、歴史学会の権威筋はどなたも竹内文書を推奨してこなかったこと、そして帝国政府によって十年以上にわたり文書は没収され、その後も歴史学会は嘲笑し続けてきたという事実です。

政治的な問題にはあとで触れることにして、ここではとりあえず、竹内文書は歴史の主流から外れたところにあるとだけ言っておきましょう。竹内家から独自に産み出されてきたこの文書は、本書のほかの文献と同じように、いわゆる歴史ではなく、古史古伝の世界に属しているのです。

欧米からいじめられた日本

竹内文書が世に出た時期は、日本はすでに鎖国を解き、世界の檜舞台に新生国家として躍り出たころでした。旧事紀《くじき》やホツマツタヱが出現した江戸の閉鎖社会ではなかったのです。日本民族が、近隣の諸帝国に取り巻かれているだけでなく、超越一神教を諸民族に布教しようとする敵対文化が押し寄せていることに気づいた時期でした。

その一神教は、少数ながら預言者を持ち、その神の教えは地上の全民族に伝えるべきと考えていました。欧米の植民地主義に対して、技術的、物質的な面はまねすることで対応できますが、欧米のキリスト教の教えを真似することはとてもできない相談でした。

十九世紀末の日本は、やや逆説的な取り組みを迫られていたのです。つまり、欧米の求めていた近代国家をまねして作ろうとすれば、国家への忠誠をまず教え込まなければなりません。欧州諸国は、このころまでにキリスト教の国家と、神から権威を与えられた国王を確立していました。しかし、欧米諸国との国交を始めた日本は、とりわけ米国から「宗教と国家の分離」を迫られ、キリスト教の布教を自由化するよう迫られました。

これに対して、日本は世俗的な天皇の統治する半儒教的な国家を造ることで対応しようとしました。その天皇は絶対的な権力を持ち、古事記や日本書紀に書かれているように万世一系の君主とされたのです。この政治体制は、国民の日々の生活や行動を指導するようなものではありませんでした。

古事記も日本書紀も、ヘブライ人の聖書と同じように、世界の他の国々についてほとんど語っていません。その書物は、天皇を中心とした年代記なのです。

一九二〇年代に、帝国政府の歴史教科書でその年代記は教えられていましたが、キリスト教の宣教師たちや「宗教学者たち」はそれを批判していました。

彼らは、日本の政治体制は幻想的な「宗教」に基づく「古い形の共同体」にすぎず、近代政治を目指したものではなく、また国民の日常生活を指導するにしても「原始的な生活」を超えて進歩に導くようなものでもないと酷評していました。

日本の歴史の物語は、昔の共同体から脱して、政治体制を普遍的なものに変える「宗教」ではなかったのですが、なぜか、説明できない理由により欧米の学者たちはそういう風に誤解してしまったのです。もとより、日本人は、欧米の煩雑な酷評を取り上げませんでしたし、そもそも言語の壁があったので理解もしませんでした。

この日本いじめに対して、精神的指導者たちはどのように対応したのでしょうか。日本人と欧米人の中には、古代日本とヘブライ民族に何らかの関係があると考えるものもいました。日ユ同祖論とその主唱者については、多数の文献があります。

また、別に金光教や天理教のような新宗教は、日本風の一神教を説こうとしており、これを信奉した日本人もいました。伝統をすべて捨て、キリスト教に改宗したものもいました。でも、大多数は、日本の起源は古事記や日本書紀の奥深いところから来ているというおぼろげな信条を持ち続けていたのです。これに対するキリスト教側からの非難は、「非難するのが世界共通の世論」といい募るもので、まことに辛辣なものでした。

帝国主義時代の西側は、キリスト教の支配下にありました。日本を外交的には受け入れたものの、日本が「精神的に成長」して、自由と平等という普遍的信条を持つ国の仲間入りをすることは無理ではないかと疑念を抱いていました。ところが、西側のこの偽善的な姿勢は、一九一九年のパリ講和会議の席上で暴かれることになります。

この会議で、日本の代表団は、諸民族の「平等」に同意するよう懸命に働きかけましたが、欧米連合の結託により結局は敗れてしまったのです。この時、明らかに、日本は世界に訴えるものを持っていましたが、日本社会そのものが依拠《いきょ》していた基本原理はうまく説明することができなかったのです。

このころ、そうした普遍的な原理を上手に説明できるものとして登場したのが竹内文書でした。それによれば、古事記や日本書紀に書かれた伝承は、表面的にはまったく違うように見えるけれども、壮大な超古代の伝承の一部を伝えるものであって、キリスト教やイスラム教、仏教の教えと同じものであるというのです。したがって、日本人は伝統の精神的信条に従い、よりよき世界をつくるよう努めなければならないと主張したのです。竹内文書がこの「伝統」を説明しようとしたころ、日本のみならず欧州にも関連するある古伝承が発見されていたのです。

竹内文書が最初に出現したのは、一九二八年のことでしたが、そこでは世界天皇の系譜のもとに統一されていた超古代について述べています。

これに先立つ数年前のこと、ポーランド人の教授、フェルディナンド・オッセンドウスキーが、『野獣と人間と神』と題する本を出版していました。その中で、教授は命からがらソ連から逃げ出し、シベリアを経てラマ教王国のモンゴルに達し、そこで世界帝王が存在したという古伝承を耳にしたことを書いています。

この本は、世界中で評判になり、フランスの神学者ルネ・ゲノンはこれに基づいて『世界の王』という論争を呼んだ本に仕上げました。ゲノンの意見によると、世界王が支配した元の聖地を証言する宗教書や伝承は、オッセンドルフスキーの本だけでなく、無数にあるといいます。だが、当時、ゲノンも他の評者も、地球の裏側、日本にそのような聖地と聖王がいたという文献があったことは知らなかったのでした。

世界帝国があった

数百億年の昔、世界は泥の海であったと竹内文書は伝えています。二百二十億年を経て、世界は形作られ、その過程で原初の男神と女神が生まれ、天と地が分かれ大空が生じました。地球は固まり、丸くなったのです。男神と女神は、太陽と月を代表するもう一組の男女を産み、こうして地球はその後六世代にわたって形を調えていきました。

天神第五代にはいると、その男神と女神が、諸民族の創造神を産み、女神は日本の位山《くらいやま》に「光り輝く体」をもって降り立ちました。第七代の神々は、輸送、書記法などの技術を地上の生物のために発展させました。最初のカレンダーが作成され、それはムツヒ、ケサリ、イヤヨ、ウベコ、サナエ、ミナツ、フクミ、ハヤレ、ナヨナ、カナメ、シブル、シハツと呼ばれる十二か月（各三十日）とそれに続く閏月からなるものでした。そして、各月は、タツ、マド、コモリと呼ばれる三週からなっていたのです。

第七代の太陽神がスメラミコトと呼ばれる世界帝王の家系の始まりを告げました。そして、太陽神は、日本の島々を「ひだまの国」と名付け、他の地域と区別したのです。今日の日本は、日の丸の旗を掲げる国ですが、古代の記録では、「ホルス（太陽の眼）の王座」にいて支配するエジプトの王や「太陽とともに昇る」ペルシャの王、そして「無敵の太陽」を象徴とするローマ帝国の例もあります。

事実、非常に多くの古代文化には太陽のシンボルが描かれており、ジェイムズ・チャーチワードもムー大陸という失われた帝国が存在した証拠ではないかといったほどです。また、ユリウス・エヴォラも記録からは消えているが、太陽のシンボルは、ある「古伝承時代」の遺物に違いないと確信していました。

高坂和導は、「スメラミコト」という名称を分析し、それは中心、統一、太陽、種子、陽の原理、人間性といった意味を含むシンボルと考えています。竹内文書によれば、スメラミコトは太陽神から派遣されてきたもので「太陽の子」とされています。ゲノンは、これはインドの世界王ヴァイヴァスヴァータ・マヌのことであろうと言っています。

世界帝王の王朝

天神《てんしん》七代	天神が指導する
上古《じょうこ》二五代	世界帝王が定期的に巡行し、統治と法を教えた

不合《あえず》朝七三代　世界帝王の力は衰退するが、なお世界に指導者を派遣した
神倭《かむやまと》朝一二五代　堕落した時代、指導者や預言者を日本に派遣した

太陽神の子は、上古の王朝を開き、子弟を派遣して地上に諸王国を造らせたのです。世界は、十六の区域に分けられ、ミットウ尊という王あるいは臣を配置しました。これらの王や臣は、白、青、赤、黄、黒の五色人となり、諸大陸に思い思いに分散していきました。ここで、プラトンがアトランティス大陸について書き残した文章を思い出してみましょう。

「私の祖父は、ある原書を持っていました。私が幼少のころ、これを調べたことがあり今も持っていますが、それによると、神々は、地球を異なる区域に分け、それぞれに寺院を建て生贄を捧げたと書いてありました」

竹内文書によると、最初に国々を建てた神々は、次のように記述されています。

「スメラミコトの国の十億三千年目のサナエ月十日に、スメラミコトはヨモイツ（ヨーロッパ）のヒレフレ山に降り立った。赤色人の王アダムイヴと白色人の王コラトマムス、青色人の王キアムボチャは、スメラミコトを表敬訪問し、その後、居住地域を治めるミットウ尊に任命された」

竹内文書では、今、我々はエデンの時代にいるようですが、この時代の「アダムイヴ」というのは、一人の男で「赤色人」の王とされているものです。どういうわけか、竹内文書が現れたのとほとんど同じころ、地球の反対側で、ゲノンはアダムについてこう書いていたのです。

「アダムの文字通りの意味は、『赤』であるが、こうしてみるとヘブライ人の伝統は、『赤色人種』のアトランティス人の伝統とつながっているとみることができよう」

ゲノンは、見たことのない竹内文書と同様に、アダムを忘れられた赤色人種の指導者と考えていたわけですが、それはいかなる理由によるものでしょうか。

十六の王国を打ち立てた後、世界帝王は、太陽の平和と法を五色人に守らせるために世界を巡回することになります。上古の時代、世界帝王は天の浮舟に乗って世界中を旅することができました。浮舟に乗れば、数十年かけなくても数年で全世界のミットウ尊を訪ねることができたのです。

実際、この天の浮舟は竹内文書が現れる以前から日本の歴史家たちには知られていました。つまり、日本書紀にも旧事紀十巻本にも天の浮舟と呼ばれる飛行船についての記述があり、ニギハヤヒという物部氏の祖先がこれに乗って地上に降り立ったとされているのです。竹内文書によれば、この船は神々が地上に降りるときに用いたが、その後は世界帝王の専用となり、他のものに貸し出すことはめったになかったとされています。

天の浮舟には、離陸と着陸に適した場所が必要で、その上古の時代の飛行場は、日本語で翼を意味する「羽根」と名付けられていました。今日でも、「ハネ」という場所は世界中いたるところに見られます。東京の羽田飛行場が最も有名です。

ある竹内文書の研究者は、九か所の「羽根」飛行場が日本の中部を走る経度上に一列に並んでいるのを発見しています。この東経一三七度一一分のラインの北端にはピラミッドの形をした尖山《とがり》があり、そこは今でもＵＦＯの出現する場所として有名です。

世界帝王が飛行場に着くと、いつも畏怖の念で迎えられました。その理由を、高坂和導はこう述べています。

「前触れもなく突然訪れる世界帝王を迎えるミットウ尊が、非常な不安を抱いていたことは容易に想像できることである。なぜなら、失政の被害を受けていた五色人たちにとって、スメラミコトの来訪は、助けを求める良い機会だったからである。したがってスメラミコトは最高の礼と敬意をもって迎えられたのである」

世界帝王は、武力を用いる必要もなく、ただ悪い王を交代させると宣言するだけでよかったのです。この点は、エヴォラの主張と重なり合っています。

「上古の時代の支配は『暴力を用いることはなく、用いたとしても極くまれであり、政令は主に心霊を通じて通知され、これに逆らうこともなかった」

全人類は、スメラミコトの出自とその権威についてわかっていたので、スメラミコトが裁決すれば、どんな問題も解決でき、平和な治世を貫徹することができたのです。

世界帝王は、法を定める最高の権威を持っていましたが、それ以外にも、人民のために高度の技術を開発していました。各時代の帝王は、独自の書記法を有しており、第一代は絵文字を使っていたが、第四代のころはもっと抽象的な神代文字に変化し、これがのちにアヒル文字に発展しました。第五代は、アヒル草文字を使い、その後の世代は、もっといろんな形を考案し、やがて最終的には次第に現代のカタカナになっていったとされています。

この時代の日本人は、ヒビト（太陽の人民）と呼ばれ、帝王の教えを守る義務を与えられていたのです。他方、世界帝王たちは日本にだけ住んでいましたが、日本人ではなかったのです。彼らは、五色を超えた存在であり、純粋な心を持つ妃の宮と呼ばれた女性を世界から選んで結婚していたといいます。男子の後継者が生まれなかったときは、女子の後継者が純心を持ったヤサチオと呼ばれる男性を配偶者にすることができました。

配偶者を五色人の中から選ぶ習慣は、ウガヤフキアエズ王朝の時代に終了しましたが、それは世界帝王の力が衰えてきたことと関連があるようです。それ以来、世界帝王はますます日本のなかで活動せざるを得なくなり、これに代わってヒビトが世界に派遣され、五色人の教育を続けていくことになりました。

隠されたもの

ゲノンは、『世界の王』という著書において、「世界の古伝承は一致している」という証言を多数集め、結論として、「至上の聖地」が世界に一つあり、それは他のもろもろの「聖地」の原型であって、皆が従うべき霊的な中心地であったと語っています。この「至上の聖地」は、「諸聖人の地」であり、「祝福された者たちの地」、「生けるものの地」、「不死の地」とも呼ばれています。竹内文書を読めば、日本は、このすべての名称に適う土地であり、さらに「世界帝王」とされる存在は、ゲノンのいう「世界の王」に非常によく似ていることがわかってきます。

ゲノンは、続けて、この聖地は数十万年前に存在していたが、いまでは「目に見えず、近づくこともできない」と言っています。ところが、現実の日本は目に見え、近づくことができる――このことはゲノンの主張に反しているのではないかと思えます。

ゲノンのいう聖地は、カリユガの時代に閉鎖されたといいますが、竹内文書はそれと同

じように、日本の霊的聖地は物質中心時代の初めに封鎖されたので、再び開かれるには、物質の力の時代が終わるのを待たねばならない、と語っています。

世界が形成されていくとき、地震や洪水など大災害に見舞われたことは、世界中の文献が証言しています。竹内文書では、「天変地異」と表されていますが、それは天の秩序が乱れたため歴史上数十回も起きたとされています。時代が下るにつれ、天変地異は次第に激しいものとなりました。ミヨイ、タミアラと呼ばれた二つの大陸が太平洋に沈んでいきました。世界帝王は、活動を縮小し、ついには停止することになります。どうして活動を停止するに至ったのかについて、研究者の二人は、違った見解を述べています。

高坂和導は、天変地異は帝王のいうことに従わなかったので生じたといっています。「人民はスメラミコトの指導する高度の文明社会を謳歌していたが、感謝を忘れおごりの心が生まれてきた。五色人の王たちも、力をつけるにしたがって、畏敬の心を失い、スメラミコトをないがしろにするようになった」

世界帝王が信奉されている限り、その権威により悪い国王を交代させればよかったのですから、王たちの反発だけで世界帝国の時代が終わりを告げたとは思えません。ほかの要因もあったのでしょう。

もう一人の研究者、中薗雅尋は、その要因についてもっと詳しい説明をしています。

「世界が次第に多くの王国に分かれていくにつれ、世界帝王に従い、思いやりと法の基本原理を守らせようとする教育が次第に困難となった。五色人たちの精神性を高めようとした帝王や派遣指導者たちの数千年にわたる努力にもかかわらず、人類は、高い意識にとどまることはできなかった」

「一般の人々は、大切なことがわからなかった。指導者たちの教えを聴くのになぜそんなに時間と精力を使うのか、なぜ規律を守らねばならないのか、なぜ断食し瞑想するのか……」

「とうとう、年若い指導者が年配の指導者に抗弁するようになった。『われらは、完全な社会を造ろうとして四千年間仕事をしてきた。しかし、人々はわれらのいう精神的なことを理解しないので、うまくいかなかった……。いつまで、こういう仕事を続けるのか。物質的な繁栄が徒労に終わるとしても、それ以上に結局は、われらの仕事も徒労に終わるのではないか。とするなら、ひとまず物質的な方向に導いてはどうか、その許可をいただきたい。われらの力で感覚活動の限界について理解させることができないのなら、人々が物質世界の中で自分自身で理解するように仕向けてはどうか。この点に集中して指導すれば、もっと早く目的は達成できるのではないか』と」

「討論は、長く続いた。そして、ついに長老たちは同意した。指導方針を変更する許可を与えたが、その物質的な繁栄を求めさせる作業はなるべく日の本の国から遠い地域でやってもらいたいと言った」

竹内文書の研究者たちの多くは、その作業は日本の裏側で始まったと信じています。スメラミコトの支配から分離される最初の集団として選ばれたのは、肥沃な三日月地帯の古代中東文明でした。彼らは、かつての指導者の名前に愛着を感じていたので、自分たちにスメールという名称をつけたとされています。

中薗の解釈によると、それから数十年後に、スメラミコトの教えは次第に希薄になり、ついには神話、宗教あるいは神託という形に変わってしまいますが、それは物質社会が発展し、繁栄するために準備されたものと言っています。

しかし、中薗の言う「コトタマ原理」の古伝承は、ずっと物質社会の奥深くに隠され、物質文明が行き詰まったときに姿を現すとされています。この点も、ゲノンの次の主張と瓜二つです。

「古伝承は、失われたのではなく、隠されたというのが実態に近い。至上の霊的中心との直接のつながりをなくした中間的な霊的中心の場においては失われたということもできようが」


今日の神話や神託の中には、原初の天の原理とは別の形でそのコトタマ原理の教えを伝えているものがたくさんあります。例えば、中薗によれば、古事記の中のスサノヲとアマテラスの対決は、カナギという現世的な欲望とコトタマないしフトノリトという高次元の教えとの闘争であったとされています。さらに言うなら、「最古の宗教から新しいイスラム教に至るまで、あらゆる教条はこのコトタマ原理を象徴している」と言うのです。

以下に見るように、竹内家は現在の富山市にある皇祖皇太神宮において原初の天の原理を習得する方法を保持してきており、世界の霊的指導者たちはみなここでその天の原理を習ったとされています。

高坂和導も、これと同じ見解を述べています。数世紀にわたって打ち続いた天変地異のため、世界は一つになることがかなわず、日本文化も滅びてしまった。こうして、「心と霊」の訓練計画は終わり、五色人たちは論理的、物理的な科学をとことんまで追求するようになったと説明しています。高坂によれば、この物質的な発展が終われば、次には「超古代の文明の諸価値と現代文明の諸価値を結びつける」作業が始まるのです。

神倭《かむやまと》朝が始まるころには、日本がかつて保有していた優れた技術と能力を失っていたのです。おそらく、これらもまた、意図的に隠され消されていったものでしょう。事実、もう普通の人は神代文字の書き方を知らなかったし、そのため中国と朝鮮から書き方を輸入せざるを得なかったのでした。

しかしながら、竹内家においては、古代の書き方と優れた技術をまだ保有していました。とりわけ、武内宿禰《たけのうちのすくね》という歴史上の人物は、古事記において三百年以上生きたとされていますが、彼は紀元一世紀に竹内文書の編集を命じ、また実際に天の浮舟を動かすことができたと言われています。

秘伝の公開

言い伝えによると、七世紀のあるとき大和王朝の官吏が皇祖皇太神宮に押し入り、天皇の家系図を押収しようとしたそうです。このとき竹内家が渡したのは、スメラミコトのヒツギという大和王朝の来歴を記した文書だけでした。

この事件以来中世に至るまで、被害を受けた皇祖皇太神宮は、地方の小社の一つにすぎないとし、一九一二年になっても、武内《たけのうち》宿禰とは縁もゆかりもないというふりをしてきました。そのため「の」をとって、「たけうち」と自称していたほどでした。

（ちなみに、武内《たけのうち》と名乗る別人が、皇祖皇太神宮は「の」がないから、武内宿禰の子孫ではないと主張したことがあります。その人物は、キリスト、モーゼなどが日本に来たという記述のない本当の武内文書を持っているといいました。が、本書では、これについて追究しないことにします）

一八九三年に、竹内家の家長が死去します。孫の竹内《たけのうち》巨麿《きよまろ》（一八七四―一九六五）に宛てた遺言で、家長は、世の中は急速に変わりつつあるので、家の宝物や文書は世の中が平和になったとき公開してもよいと告げました。巨麿は、その遺言をしばらく棚上げにして、鞍馬寺で修行をすることにしました。

このきわめて秘教的な鞍馬寺は、かつては天台宗の仏教寺院でしたが、今日では、六百五十万年前に金星からやってきたサナト・クマラを祀っているようです。

鞍馬寺で修行中、巨麿は、訪れてきたある旅行作家に自分の家系は秘密の古文書を持ち、特殊能力も備えていると話したことがありますが、それを見せようとしませんでした。

のちに、彼は秘密の古文書を持って富山から茨城に移住します。そして、ついに一九二八年に巨麿は、聖なる時代の最高の古文書を公開するに至るのです。

巨麿は、ある神聖な存在によって文書を公開するよう命じられたといっています。また、彼の家族は、祖父が巨麿に空を飛ぶ魔法の術を教え、めったに見せなかったが、目の前で実際に飛んで見せたことがあると証言しています。この魔法の術は現在の後継者には受け継がれていません。

一九二九年ごろ、この文書に関心を持ち研究を進めていた人たちが、ざっと百人ほどいました。しかし、警察は巨麿を不敬罪で訴追し、文書と宝物を押収したのです。それらの押収物は、第二次大戦の最中、焼夷弾爆撃によって完全に破壊されてしまいました。戦後になっても、占領軍は巨麿に執筆も説教も禁じたので、もうその文書を再現することはできなくなっていたのです。現在では、若干の写真コピーと遺物、そして時期がくるまで隠匿されている残りの文書が遺されているばかりです。

二十世紀は文書を公表するのに良い時期だったはずですが、一八九三年から一九二八年にかけて一体どういうことが起きていたのか、不思議に思えてきます。謎めいた巨麿の人物像は、それを知るには役立ちそうもなく、批判的な研究者も巨麿についてあまり明らかにしていません。

超自然的な体験

竹内文書は、これまで議論してきたものとは異なる古史古伝の分類に属しています。旧事紀七十二巻本やホツマツタヱ、カタカムナ文書の、その形而上的な主張が言語の美しさや思想体系の明示によって裏付けられているのに対し、竹内文書には、言語的な特徴もなく、明示された思想体系もありません。

しかし、竹内文書には、非常に象徴的な古伝承の世界にうまく当てはまるものがあるので、それをもとに、信奉者たちは真実で正しいものが含まれていないか、発見しようとしてきたのです。

竹内文書を研究し、広めようとする信奉者たちは、その人の神秘的な体験に基づいているように見えます。そのような体験を語っていない信奉者を私は誰一人知らないのです。

例えば、**矢野祐太郎大佐の妻は、あるとき神がかりになって自動書記をさせられたことがあります。**かかってきた神霊は、大佐に「棟梁《とうりよう》皇太神宮の古文書」を調査するよう命じ、そして調査すれば「無数の事柄が動き始める」と語ったのです。矢野大佐と妻は、この神託に戸惑いを感じていたそうですが、友人の酒井勝軍《かつとき》に竹内文書や皇祖皇太神宮の話を聞かされてからやっと納得したのでした（ただし、神霊がなぜ「皇祖」と書かず、「棟梁」と書いたのかは不明です）。もちろん、酒井自身も、太陽の十字紋を見るという神秘体験を得ていたので竹内文書に確信を持っていたわけです。

戦後のことですが、高坂和導は、ある丘に登り富士山に向かって叫んだことがあります。「この竹内文書の内容は真実ですか。もし真実なら、一生をかけてこれを立証していきます。しかし、もし間違ったものであれば、一生を棒に振ることになってしまいます。真実かどうか、なにとぞ教えてください」

すると、黄金色に輝く光玉が飛んできて高坂の頭の上に止まり、こう語りかけたのです。**「これはまことの歴史です。私たちがたえず天から見守っていますから、安心して研究に突き進みなさい。もしあなたが道を踏み外しそうになったら私たちが軌道修正します」**

高坂は、これを聴いて高級なある存在が話しかけてくれたと確信を抱いたのでした。

中薗雅尋の場合は、フランスのベル・イル島にある双子の巨石「ジャンとジョアンヌ」に引き寄せられるという体験をしています。**その場所にたどり着き巨石に祈ったとき、巨石を建造したケルトの祖神から、竹内文書の内容は確かであるというメッセージを受け取り、詳しい説明を受けました。**

ケルトの祖神は、自分たちも世界帝王からコトタマの原理を教えてもらったが、まだ太古の計画に従って極秘にしておかねばならないと告げます。ケルト民族は、「太陽の国から最初に派遣された民族で、精神文化の限界を最初に自覚した民族でもあったので……生命原理というものが感覚的にもわかるようにする方法を探さねばならない」と考えていたのです。

やがて、中薗は、告げてもらった歴史が竹内文書と符合し、それはケルト民族だけでなく、あらゆる時代の多くの民族も共有していた形而上の真実であると悟ったのでした。

超古代の研究者のジョスリン・ゴドウィン教授は、失われたムー大陸の記事を読んでいたとき、**もしある情報を霊界から直接受け取ることができるなら、それを記録した文献が存在していたはずという前提を置かなくてもよいのではないかと気がついた、**とその著書で語っています。

高坂や中薗の体験を見ると、そうかもしれません。が、**人間を超えたものが人間と交信できるこの世界に超古代の文書が存在するということは、明らかにそれなりの存在目的があるはずです。言いかえると、人間を超えたものがそういう古文書に近づくようにと人間を導いているのでしょう。**

驚くべき一致

竹内文書の信奉者たちは、文書に書かれたことはすべて真実と考え、反対に信じない人たちは頭から否定しています。信奉者たちは、竹内文書の内容と他の情報源が一致することを指摘していますので、ここでそれを集約してみましょう。

上古の王朝からウガヤフキアエズ王朝を経て神倭朝に下るにつれ、王朝の続く期間は次第に短くなっていきました。上古の時代には、世界帝王と臣下の者たちは数百年も生きていましたが、最後の堕落した時代には、王朝の期間も短く人の寿命も短くなっていったのです。

インドの古典にも、現代のカリユガの時代は、ユガの周期のなかで一番短いと記されていますが、それとよく似ています。竹内文書の信奉者や研究者でこのユガ周期説を知っていたものがいたという証拠は見つかっていません。

現在、皇祖皇太神宮の宮司をしていて竹内巨麿の孫に当たる人物の話では、時代が下り堕落していくに従い王朝の期間は短くなっていったが、これと同じような教理を説明している世界の文献については承知していないと言っています。

竹内文書には、世界帝王が支配していた五色人たちは各大陸にばらばらに分散していったと記載されています。五色人たちは同時期に生まれ、数百万年間共存し、争わなかったのです。これに対して、西洋の神智学者などは、各民族は順番に生まれ、遠い昔には争っていたのではないかと考えています。

ところが、エドガー・ケイシーは、一九二五年の読み取りの中で、異民族は同時に発生したと述べています。不思議なことに、ケイシーも約千万年前に五つの異民族が発生したと主張しているのです。そのちょうど三年後に竹内文書が表に現れ、五色人たちは数百万年間存在していたことが公表されたのですが、ケイシーが日本で知られるようになったのは一九四五年の死から数年たったころでした。

「五色人」という言葉が最初に現れたのは、神道家の佐野経彦《つねひこ》の書いた『本教神理図解』（一八八三）という本の中でした。佐野は、はるかな昔から言い伝えられてきた諸民族の起源についてただ祖述しただけと述べています。現代欧州の秘教の著者たちもそうですが、佐野はその情報をどこから得たのか説明していません。中国あるいは日本の既知の文献から引用した形跡もありません。どうやら、彼の知り得た「古代の情報源」というのは、竹内文書と共通の情報源だったように思われます。

竹内文書は、「天変地異」と呼ばれる大災害に世界がひっきりなしに襲われたと説明しています。この文書が出現した数十年後、イマヌエル・ヴェリコフスキーは、竹内文書を知らなかったはずなのに、地球は太古の昔、絶えず大災害に見舞われていたという理論を展開しています。彼の歴史探究の方法は、意地の悪い批判を浴びましたが、太古の大災害の記録を探してみようと彼を駆り立てたものは何だったのか、気になるところです。

竹内文書は、二百種以上の神代文字を使用しており、それは日本語ばかりでなく現代のあらゆる文字の起源とされています。この文書が世に現れたころ、西欧ではフェルディナンド・オッセンドウスキーが世界王はヴァッタナンと呼ばれる超古代文字を用いていたと主張していました。世界王のいたアガルサ王国のヴァッタナン文字のことは、サン＝ティーヴ・ダルヴェイドルの弾圧された著書『インドの使命』の中でも触れられています。ただし、竹内文書と違い、ヴァッタナン文字で書かれた文献は存在しません。

左から順に、皇室の象徴であり竹内文書にある世界帝王の象徴の菊花紋、チャーチワードの本にある「ムー王室の盾の紋章」、酒井勝軍の太陽十字紋

ジェイムズ・チャーチワードの『失われたムー大陸』を読まれた方はどなたも、竹内文書と似た点がたくさんあることに気づかれるはずです。それは、すっかり忘れ去られた太陽の帝国を物語る古代の文献が再発見されたこと、異なった民族が一人の帝王の下に支配されていたこと、そして大陸が沈没したことも述べています。また、本に登載されている幾何学模様も竹内文書とよく似ているものがあるのです。

このチャーチワードの本は、一九三二年までは日本に知られていませんでした。竹内文書が最初に研究グループに開示されたのは、一九二八年のことでした。

さらに付け加えて言うと、一九九七年に初めて出版されたチャーチワードの著作がありますが、それは「モーゼによって書かれたとされる石板」などにも言及しており、竹内文書と似た点があります。

これまで、私はゲノン風の象徴体系に焦点を絞って述べてきましたが、ムー大陸などとの共通点についても十分調査しようとすれば、別にもう一章を立てることが必要となってきます。

他の古史古伝との比較

一般的に言って、他の超古代の信奉者たちは、一つの比較研究のジャンルとして超古代史を取り上げようとしません。比較研究すると、自分たちの推薦する文献を社会の主流と認めさせる上で、障害になると考えているからです。

ところが、竹内文書の研究者たちは、他の古文献にもあたり、竹内文書の内容を証明するものを発見しようとします。報道記者の布施泰和《ふせやすかず》は、ホツマツタヱを調べ、武内宿禰についての興味深いことが詳しく書かれていることを発見しています。ホツマツタヱによれば、武内宿禰は北陸に住んでいた偉大な指導者であり、長寿になる秘密も知っていたのです。また、西王母《せいおうぼ》が教えを受けるため来日したとき、都に赴かず、北陸に行ったことも、ホツマツタヱから明らかとなっています。おそらく、西王母は皇祖皇太神宮を訪問したのでしょう。

さらに、高坂和導も、カタカムナ文献の中に超古代の日本人がある科学的方法を完成したことを発見しています。彼は、世界帝王が生命を生み出し、放射線を緩和し、常温核融合でエネルギーをとりだす技術を完成していたことをカタカムナ文献が証明していると考えているようです。竹内文書には、二百種を超える異体文字があったというのですから、カタカムナ文献もその当時のもう一つの文字で書かれた文献なのでしょう。

世界帝王の性格

果たして、世界帝王とはどんな存在だったのでしょうか。帝王の地位は、現代の政治機構における独裁者ではなかったことは明らかです。

ところで、二十世紀の偉大な政治思想家二人について、ある有能な文筆家はこう書いています。

「レイモンド・アロンとハンナ・アーレントの二人によると、完璧な支配というものは、

基本的に恐怖の要素によって決まってくる」

ミシェル・フーコーの著作を見ても、簡単に言うと、政治的な支配には恐怖という暗い要素が付きものと考えているようです。こうした政治思想家たちの描く恐ろしい悪玉と竹内文書の描く世界帝王の姿がまったく対照的であることに注目してください。

現代の世界では、恐怖を広め、無限の権力を求めようとする間違った政治体制を夢想することもでき、また実際に実現することも可能になっています。**超古代の帝王のように、無私の心で正義を実現する支配者は、もう我々の手の届かないところに追いやられ、幻想にすぎないと片付けられています。**

かつて、酒井勝軍は、「世界帝王は、いかなるグループにも政治的手段として帝王を利用しようとするのを許さなかった」と断言し、高坂和導もこれを追認していますが、二人とも、竹内文書が政治の力で弾圧されるのを止めることはできませんでした。

現代の日本の学会では、きわめて皮肉な見解が広まっています。竹内文書は、帝国政府の時代において日本民族の優秀性を示すための示威《じい》文献だととらえられているのです。日本文化は途方もなく長い歴史を持ち、世界の諸民族を支配する高度の技術を持っていたという記述そして中国人に文字を教えたという記述などを、その信頼できない根拠としています。

しかし、竹内文書は日本の優秀性を誇示するものという説は、あまり深く検討を加えていない怠慢なものであることは明らかです。というのも、巨磨は、文書を頒布《はんぷ》した罪で一度ならず二度までも政府によって訴追《そつい》されたからです。権威筋が怒ったのは、皇祖皇太神宮が本物の皇室の宝物を保有し、秘密の歴史を受け継いでいると主張していたことでした。そして、藤原明という評論家が指摘したように、欧米の記者たちもキリストの墓が日本にあるという物語を面白い娯楽のネタと受け取っていました。このように、政府の検閲を受けたり、世界から嘲笑されたりすると、誰もが、竹内文書は民族主義あるいは人種優越論を正当化するものと受け取ることでしょう。

もちろん、竹内文書には、民族、国家という概念があり、日本の神聖な祖先を賞揚《しょうよう》していています。しかし、政府の政策を支持するという意味での国家主義では必ずしもありません。**竹内文書の研究者であった矢野大佐は、帝王を政治的操作から切り離すために必要な**

のは、健全な精神性を追求するために戦うこと、内戦あるいは自然災害を招こうとも、本当に平和な世界連邦が造られるまでは、精神性を深めるため闘い続けることであると主張していました。

また、矢野大佐は超古代の地図を精査して、朝鮮は日本の領土ではなかったのだから朝鮮を併合するのは間違っていると指摘しています。矢野大佐は日本帝国の歴史を汚し、「霊的な系統論」を展開したとして逮捕され、最後に刑務所で死去しました。

竹内文書を疑わしく思う人たちは、矢野大佐を超国家主義者とみなしますが、それだけでは愛国者の矢野大佐がどうして「不敬罪」で逮捕されたのか説明がつきません。矢野大佐が朝鮮の返還を望んでいたとすれば、真正な超国家主義者でないことは明らかです。

矢野大佐は、竹内文書の読み方を「誤った」のでしょうか。超古代を伝える文献は、個人的な確信というものを抜きにして、果たして「正しい」読み方ができるのでしょうか。

誰が竹内文書を書いたのかは不明ですが、どんなに優れた学者でも、その著者の意図を知ることはできないのです。

いま我々が持っていてすぐ特定できる具体的な証拠といえば、竹内文書の信奉者たちがとってきた行動です。軍の将官や冒険家だけでなく、芸術家、作家、宗教家、歴史家といった無数の人々が支持してきたのです。三村三郎《みむらさぶろう》（一九〇四―一九七五）は、竹内文書がこれらの人々に及ぼしてきた良い影響について、『日本とイスラエル——世界の謎』（一九五〇）といった著書などに紹介しています。

しかし、三村も他の研究者も見逃してきたある出来事があります。それは、竹内文書の持っている本物の力を何よりも示している出来事なのです。

満州のユダヤ人の運命

一九三五年のことでした。真崎甚三郎《まさきじんざぶろう》大将は、安江仙弘《のりひろ》というユダヤ教の専門家を何度か訪ねたことがありました。安江は、歴史家のベン＝アミー・シロニーに言わせると「実務的な軍人」で、当時陸軍の中佐を務めていました。彼が日記で記していた事柄は、非常に興味をそそられるものです。その年、安江はずっと竹内文書について集中的に調べており、日記には軍務のことよりも竹内文書について熱心に記録しています。

真崎大将は、この年四月に初めて安江に会い、皇室の名誉を汚すような発言は慎むよう

に と忠告したのです。真崎が六月に再度会ったとき、安江は富山県でモーゼの墓が見つかったことを話したがっていました。最後に九月に訪問したときは、イエスが日本に来ていたことを話しました。安江は、青森にあるキリストの墓をひとりで訪ね、鮮烈な印象を受けて帰ってきていたのです。イラついた真崎は、とうとう安江に、無駄な研究はやめ、満州国の運営の仕方など喫緊《きっきん》の課題について研究せよと命じたのでした。

それから二年後のこと、安江仙弘は満州にいたユダヤ人の団体と連絡を取り、ロシアやナチスドイツでの生活条件が悪くなっているから、引き続き満州に滞在するようにと励ましました。彼は、ユダヤ人の共同体の状況を公式に調べ上げ、近隣の住民から大事に扱われていることを確認したのです。安江は、ナチスの反ユダヤ宣伝に対抗し、ユダヤ人用の毒ガスを持参して上海にやってきたナチスの軍人を退けることまでやってのけたのです。そして、安江らは、人種平等は日本の公約であると説明し、その結果、ユダヤ人らの生命はあの身の毛もよだつ戦争中にも保護されたのでした。

こうして全部で約二万四千人のユダヤ人たちが来日し虐殺を免れることができたのです

が、その中にいた東欧のユダヤ律法学校（イェシバ）の教師と生徒の全員も、大量殺害から救われたのでした。

ソ連が一九四五年に満州に近づいたとき、安江の同僚たちの大半は船に乗って急ぎ帰国し、あるいは降伏せず自殺を遂げました。しかし、安江はそれに加わらず、戦争に責任があるという思いを家族あての手紙に書き綴り、侵攻してきたソ連軍の捕虜となる道を選び、一九五〇年に強制収容所で死亡したのです。

ところが、当時、多くの人は、ユダヤ人共同体の多数もそうでしたが、単純な話を信じ込んでいたのです。つまり、安江は「シオンの議定書」という強烈な洗脳力のある反ユダヤ主義の偽造文書の影響を受けており、日本人一般もナチスの作ったユダヤ人の世界征服の筋書きを受け入れていると信じ込んでいました。

しかし、安江は一九二二年に議定書を読んでいましたが、一九三〇年代までには友人たちに議定書について語ることはやめており、ユダヤ人が邪悪な人種であるとは信じていなかったのです。

安江の日記は非常に込み入っているので、一九三五年に記録された竹内文書に関する綿

密な研究はこれまでまったく無視されてきたのです。それらの研究資料によれば、モーゼとイエスの法は、天皇の古代の教えに基づいているとされ、したがって信仰深いキリスト教の人たちは長く失われていた真の日本と霊的に一つであることを表明しているとされているのです。

安江が読んだ竹内文書は、日本の歴史に関する古伝承を他の偉大な指導者たちの説いた普遍的な調和と一つに結び付けるものであり、そうして安江の知っていた真理の重みを確認するものと言えましょう。

結論

竹内文書の批判者は、世界のあらゆる教えの源が日本にあるとするのは傲慢に過ぎず、その皮相な古伝承のことを、信じるに足りないと主張しています。しかし、私は、ゲノンが示した類似の古伝承が伝えているように、世界帝王の治める、ある聖地から教えが生まれたという考えは奇異なものではなく、ある深遠な真理を見出したものと信じています。

例えば、神聖ローマ帝国のバルバロッサ皇帝は、キフォイザーに眠っているに過ぎず、やがてこの世に帰還してくるという伝承があります。また、メソポタミアの神話では、不死のウトナピシュチム王は遠くに身を隠しているに過ぎないとされています。ケルトの神話でも、アーサー王は王国を救うために必ず帰還するといわれ、シーア派イスラム教でもマフディ王は終末の日まで身を隠していると伝えられています。

竹内文書は、民族主義者の伝説ではありません。竹内文書の信奉者たちは、来る世界平和の新時代には、日本の神話が世界の神話と溶け合うようになるが、その時には世界帝王の霊的な理解が必要となると信じています。世界帝王と呼ばれる象徴は、世界のいたるところで現存しているが深く隠されていると信じているのです。

ゲノンは、その著『世界の王』の締めくくりにこう警告しています。現代の技術革新の時代には、「急速に事態が展開する」ので、「理由は今直ちにはわからないけれども、多くの事柄が予測できないような形で応用されていくだろう」と。

ゲノンは、また端的に「予言する」ことは避けたいとしていますが、世界の王の教理は現代の状況と何らかのつながりがあるものと信じています。予言する代わりに、ゲノンは、あるフランスの君主のことばを引用しています。

「**我々は神の秩序の中でこれから起こる巨大な出来事に備える用意をしておかなければならない。それに向かって加速度的な速さで我々は動いているのであるから**」と。

ジェイムズ・チャーチワードも、『失われたムー大陸』の末尾で、こう問いかけています。

「**この現代文明の終わりに何が待ち構えているのだろうか**」と。

また、高坂和導は、日月神示を引き合いに出して、「**我々は急速に「ミロクの世」に近づいており、その時世界帝王が再び求められ、その道しるべとして竹内文書が役に立つだろう**」と語っています。

以上のような古伝承は、なぜ二十世紀に表に出てきたのでしょうか、そして古伝承が示している**巨大な出来事**とはいったい何なのでしょうか。

第七章

古史古伝はどう評価すればよいか
——偽書か神話か宗教か、
それとも「思い起こす」ことなのか

教条は事実の次元を超える

さて、私どもの探検の旅は道半ばですが、まだ暗い森の中を歩いています。そろそろ探策の道を離れる時期にきていますが、これまで知り得た古史古伝の目的とするところは何だったのか、まだ十分な確信が持てないでいます。**もっと理解を深めるには、これらの古史古伝が、「なぜ」特殊な仲介者を通じて表に出てきたのかを知る必要があります。**

この問いに対する答えをすでに知っている方もおられると思いますが、今も混乱して道に迷いつつある方も少なくないでしょう。そのようなわけで、私はこれまでの説明で回りくどかったところを本章でできる限り明確にしたいと思います。

私どもは、これまで起源がはっきりせず不思議と思われるような諸文献について調査してきました。それらは歴史に記録されてこなかった太古の文明から派生してきたものと主張していますが、その言い分は全く正しいと考える人もいれば、「それこそ偽造のしるしだ」、あるいは「民話にすぎない」、「宗教的なおとぎ話だ」と自動的に反応する人もいるでしょう。

そうした自動的な拒否反応はもう一度きちんと見直す必要があります。拒否反応は、私どもの疑問に本当に答えてくれているのでしょうか。

ある作者が作品を通じて大事な伝言を語ろうとするときに、昔の文体を真似たり、昔風の古語を新しく発明したりすれば、作品の信用は傷付き、紛糾を招くはずですが、わざとそうした工夫をしようとしたなら、その動機は一体何だったのでしょうか。

古史古伝において、もう一つの歴史が存在することを語ろうとする場合、事実の次元を超えたある教条（doctrine）を必ず伴っています。そして背景にある教条を一つ認めると、また別の教条へと発展していきます。ところが、古史古伝に懐疑的な人たちは、背景にある教条を分析しないで、歴史の部分だけを吟味しようとするのです。かれらは、歴史探査についてはすぐれた分析をしていることは、本書ですでに見てきた通りです。

しかしながら、「なぜ」日本に古史古伝が存在するのかについての説明は通り一遍なのです。そこで、懐疑的な見解を次に取り上げ、私どもの問いにどこまで答えてくれているのか、調べてみたいと思います。

古史古伝の「真実性」とは

古史古伝を疑わしく思う人たちのなかには、その真実度を判定する際に、二重基準（ダブルスタンダード）を用いていることを自ら明らかにした者がいます。

例えば、懐疑論者の藤原明《ふじわらあきら》は、学術誌に寄せた最近のエッセイのなかで、『津軽外三郡誌』を取り上げ、その真実性について見解を述べています（付録一）。

反政府的な古史古伝である『津軽外三郡誌』は、一九七六年に登場したもので、東北地方は、太古には優秀な技術文明を持っていたが、暴虐な大和朝廷に制圧されたと記していますが、これについて、藤原は『三郡誌』は偽書であるにしても、より深い真実を語っていると認めているのです。彼は、こう書いています。

筆者は、偽書に関する研究というのは真贋論とは別の次元にあると考える。重要なことは偽書が存在するという歴史的事実を受け止め、それがどのような精神世界を体現したものなのかという視点であり、偽書が存在する根拠を掘り下げていくことにある。

しかし、藤原は旧事紀七二巻本やホツマツタヱのような国史の古伝に対しては、これほど優しくはありません。彼にとっては、これらの文書は全くの創作にすぎないのです。彼に言わせると、地方の偽史や職人の偽文書を創作する場合は、歴史上の真実を伝えようとしていることがあるが、『近代偽撰国史』の場合は当てはまらない。『近代偽撰国史』も架空のものと断じてよい。『近代偽撰国史』の根底に本来の伝承が存在したとしても、その原型に遡るのはとうてい不可能と見られる」(『偽文書学入門』)

ここで藤原が言おうとしているのは、古伝による国の歴史やカタカムナのような太古の世界の歴史は、それを裏付ける地方の伝承を探し見つけることは不可能なので、発見者がまったくの白紙から創作したと見るべきだということでしょう。

さてこれは、非常に面白い論点です。ある文書が偽書であると結論付けた場合、どんな基準を用いれば、それが藤原の言う「別の次元」のレベルで真実となるのでしょうか。

本当に真実の物語なら、ある真実の「理法」を反映しているはずと私は考えています。G・K・チェスタトンの考えを援用するなら、おとぎ話が真実というのは、「龍が存在する」と言っているからではなく、「龍を打ち負かすことができる」という理法を述べているからなのです（注1）。ところが、藤原の世界では、すべてがあべこべなのです。

G・K・チェスタトン

彼は、本当に真実の物語なら、忘れられた争いが昔にあったことを曲がりなりにも反映しているはずと言っています。彼の立場に立てば、おとぎ話が真実といえるのは、蛇を龍と間違って記憶した過去の出来事を反映しているからなのです。ここでは、龍を退治することの大切さは完全に忘れられているようです。

藤原の理論によると、地方の歴史に関する古伝は最高の真実を伝えるとともに、かつ精神的な目覚めをもたらすものでなければならないが、それは事実を述べることによって担保されるのではないから虚偽であってもよいと言います。だが、国の歴史に関する古伝は、初めからあてにならないと主張しています。

ところが実際には、懐疑論者も賛同者も、ホツマツタヱなど国の古史古伝に心を奪われています。日本の大きい書店を訪ねてみると、オカルトの棚にあるのはまさにこうした国史の「ファンタジー」であり、それらは今も新しい読者を引き付けています。

藤原は、こうした現象を説明しようとしません。たぶん、これらの文書は、藤原の言葉を用いれば、「精神世界」を少し紹介し「別の次元」に由来する知識を教えてくれているはずなのですが。

本書で古史古伝について解明してきたことを振り返ると、藤原の考えは全く根拠に欠けるということになります。三つの古伝は、ファンタジー作家のように作り話を書こうとして作成されたものではないのです。**それらは、歴史文献に似ており、作者たちは忘れられた真の歴史を記録しようと努めています。どの文献も太古のものではないとしても、なぜ著者たちは太古のものに見せようと懸命に書き続けたのでしょうか。**

古史古伝は、なにかある真実の源泉から流出したものでしょうか、それとも悪意ないし妄想の兆候なのでしょうか。古伝の賛同者たちは、素朴ないし無知なのでしょうか、それとも真実の歴史を理解しない勢力の犠牲者なのでしょうか。

懐疑論者たちは、西洋人も日本人も、不確かな情報を盛り込んだ古伝に対して「偽書」、「神話」などいろいろなレッテルを貼り付けて説明しようとし、賛同者たちはこれに反駁しようとしています。そうしたレッテルがどこまで通用するのかという議論は、どちらかが納得しない限り永久に続いていくことになります。しかし、そのような議論は当面大事な論点を外していますので、避けなければなりません。非常にありふれたレッテルをいくつか取り上げて調べてみれば、そのことが判明するでしょう。

「偽書」なのか

古史古伝に対する一番あからさまな批判は、「偽書」というレッテル貼りです。こういう批判が向けられた最近の例を取り上げてみましょう。

バート・エールマンという傑出した学者が、『偽物』(二〇〇一)という激烈な小冊子を書いていますが、その中で、キリスト教会の教父たちが福音書は弟子たちの手によって書かれたものではないことを知っていたなら、福音書は「偽書だ」と非難していただろうと述べています。聖書学者たちは「古代の人々がこのような編集の仕方を何と呼んでいたのか」を考慮せず、また「当時の人々がこの種の本を『誤って書いた作品』とか『嘘報』、『粗悪品』と呼んでいたことを、学者たちは見逃していたとエールマンは記しています。

とはいっても、エールマンが述べたことが直ちに正しいとは言えません。私には、エールマンがこの問題を十分突きつめて考え抜いたとは思えないのです。

福音書の教えを取り上げてみましょう。福音書には、今日の私どもも驚く内容――イエスが金貸しの台をひっくり返したとか、弟子の足を洗った、十字架を刑場まで運んだということが記載されています。そこで、タイムマシーンに乗って過去に戻り、新約聖書の編集者たちにこう言ってやりましょう。

「皆さんは、このような記述をすべて偽作と非難し、写本を全部捨てるべきですよ。なぜなら、キリストの弟子たちはたぶん文盲だったはずですからね」

でも、そのような発言をすれば、聖書の編集者たちは憐みの目であなたを見返すことでしょう。

エールマンは、偽作を「実行」するのは、著者が個人的な利益のために虚偽を広めたいという「動機」によるものと考えています。確かに現代でも金銭目的で文書偽造を行った例は、エールマンが引用する『ヒトラーの日記』やマーク・ホフマンの『モルモン教の偽書群』などがあります。これらの偽書に文学的あるいは哲学的な価値は、ほとんどありません。

というのも、悪意の偽作者たちは、どんなでたらめを書いても、未知の知識を手に入れたい歴史愛好家たちが高い値段で買ってくれるとわかっていたからです。

しかし、今日においても、個人的な利得は抜きにして偽物を作ろうとする人がいます。たとえば、宇宙人との出会いを隠蔽しようとした政府の陰謀を明るみに出したと称する『MJ－12大文書』というものがあります。当初の文書は、おそらく冷戦時代の偽情報作戦の一環だったでしょうが、冷戦が終わって数十年経ても、新しい材料が次々に「発見された」といい、不明な作者からインターネットに掲載されてきています。でも、このような文書を名乗らずにただで出しても、だれも得する人はいないはずです。

利益を目的とした文書であっても、より深い価値を反映しているように見える場合があります。悪ふざけの文書でも、ある現実を模倣する必要があるからです。

例えば、『アンリ・ロビノの秘密書類』という本は、ピエール・プランタールという男が未来のカトリックの教皇になる予定であったと書いていますが、このような文書は、年代記の体裁をとっており、不思議で謎めいた話から全く信じられない話まで盛り込んでいます。

このような偽造文書が、絡みあった神秘世界の扉を開けて、プランタールの『シオンの議定書』や『キリストの血』、『キリストの聖杯』といった著書を産み出し、「レンルシャトー」というフランスの寒村を表に出す役割を果たしてきました。『アンリ・ロビノの秘密書類』をとりまく策謀は、この本を書いている今の時点でも続いており、日本の古史古伝と比較してみると面白いものがあります。

ピエール・プランタールとその仲間は、カネもうけという単純な動機から文書を偽造してきましたが、古史古伝の年代記を偽造するのは非常な危険が伴うばかりか、生計を立てるにしても、別の不真面目な本を出した方が利益が大きくなるということを忘れてはなりません。

藤原明の見解を待つまでもなく、世界にまたがる文書を偽造しようとするときは、作者の側の非常に強い願望を映しだすものなのです。『秘密書類』の作者たちは、あきらかにキリストを取り巻く神秘的な謎を作り上げようと熱心に取り組んでいました。

たとえこうした偽作者たちが自分たちの利益のためにあまり知られていないシンボルを発見し、意識的に利用しようとしたのだとしても、その結果、作者自身の利益に関係のない事柄に光を当て、浮かび上がらせることにもなったのです。


本書で紹介した古史古伝についても、この点をもっと明らかにしなければなりません。秘教的、政治的な教えをたくさん載せている七二巻の旧事紀をたった一つの伊雑宮の利益のために偽造しようとする動機は、ほとんど見当たらないのです。そして、ホツマツタヱやカタカムナ文書についても、世俗的な動機があったとは考えられないのです。

以上の理由から、私は、「偽書」という言葉は狭い意味で適用できるとしても、単なる言い訳にすぎず、言説としての価値がないと考えています。「偽書」のレッテルを貼っても、なぜそうした古史古伝が書かれたのかの説明にならないのです。大事な事柄を伝えよ

うとした作者たちが、なぜ記述の年代づけを間違えたのか、ということも説明していないのです。

「神話」ではないか

さて次に、藤原の言う婉曲話法について取り上げてみることにします。

彼は、古史古伝は、実際起きた歴史事実を「暗号（コード）」として婉曲的に語る場合にのみ価値があると考えています。これについて議論を始めると時間が足りなくなります。この見解を最初に提唱したのは、古代ギリシャのユーフマーという賢人で、彼の名前から婉曲話法（ユーフェミズム）という言葉が生まれ、それ以来ずっと論争が続いているからです。

現代の西洋にも、似たような議論がたくさんあります。例えば、最近もポール・バーバー夫妻が調べ上げた『天から地を分けたとき』という本が出ていますが、この本では、人類の神話はすべて科学的知見を「暗号解読」しようと試みたものであって、したがって神話に深い象徴的な意味を見出そうとする人はみな「神秘と夢物語を……合理的な論理やしっかりした証拠よりも好むもの」だと非難しています。

このように神話を科学的な自然現象に還元する解釈の仕方は、神話の作成過程をさかさまにした短絡的なやり方ですが、この方法では神話をまったく理

J・R・R・トールキン

解できない場合が多々あります。

確かに、アマテラスが岩戸に隠れたという物語は、日食が起きたときに対処すべき方法を古代人に記憶させようとしたものと解説するのは巧妙なやり方です。しかし、J・R・R・トールキンが指摘しているように、神話に（アマテラスなどの）個性が加わると、神話は単なる記憶法を超えたものになるのです。「個性は、ある人物から生まれるほかないものだから」とトールキンは言っています（注2）。

そして、神話をすべて自然現象に還元する解釈をとるなら、イサナミとイサナギをめぐる神話は、どんな自然現象を語ろうとしたのでしょうか。

二〇〇〇年以上前に、ソクラテスは暗号論者に応えて、自然現象という説明のできない神話がどれほど多いかということを指摘しています。

「さて、私はこれらの神話は素晴らしいことは認めるけれども、神話を発明せざるを得なかった人をうらやんではならない。なぜなら、神話づくりには、多大な労力と創意工夫が求められたし、そして一度神話を創り始めたら、ずっとヒポセンタウルスや恐ろしいキメラの世話をし続けねばならないのだから」

ソクラテスと同じように、私どもは自然現象に還元するという低い神話解釈ではなく、もっと高い内容の解釈を求めています。**私どもは、神話の情報はほかの自然事象からも確認できるということを知りたいのではなく、自分自身の確信以外に確認するものがない情報がどうしてそんなに多いのかを知りたいのです。**そういう訳で、「神話」というレッテルも、事情を十分説明するものではないと言わねばなりません。

二〇世紀のすぐれたイスラム思想家、アラメ・タバタベは、古文書についての伝統的な見方を要約して次のように述べています。

「我々にとって、『ナージ・アルバラハー文書』を書いた人物は、アリである。アリがわずか一世紀前に生存していた人物であったとしても、そうなのだ」

この発言は、いったいどういうことなのでしょうか。いうまでもなく、それはナージ文書の著者はもともとアリの手になるバラバラな断片を部分的に記憶していたのかもしれないという意味ではありません。また、思想家のアラメが、歴史年代というものを気にしていなかったということでもありません（注3）。

結局のところ、ナージ文書がいつ書かれたかによってその真理と美的価値が決まるのではないということです。**著者が誰であろうと、いつ書かれたものであろうと、ナージ文書自体のもつ真美性がアリの伝承を支える永遠の礎石となっているのです。**

宗教か、それとも

古史古伝は、何らかの物理現象を説明する暗号として作られたものではなく、あるいは物質的利益を狙って書かれたものでもないということを了解したとしても、では「宗教書ではないか」と批判することもできましょう。確かに、古史古伝は天と地について語り、神殿、神社について、さらにはイエスについてもたくさんのことを語っています。
古史古伝は、本来歴史を記した文書のはずですが、生存、性、権力といった動物的な欲望を満たさない人間活動は、(古史古伝の作成も含めて)、すべて「宗教的妄想」にすぎないとする飛躍的な見方が今日非常に多く見受けられます。

ところで、この場合、「宗教」という言葉は「虚偽」という以外にどんな意味を持っているのでしょうか。「虚偽」という意味であるとすると、虚偽を作成する動機の問題をはぐらかしています。

宗教という言葉は、動機を明らかにするというよりも、わかりにくくしています。とりわけ、日本の歴史の文脈においてはそうです。というのも、日本には、一八五八年に米国が宗教の自由を力づくで約束させるまで「宗教(religion)」と直訳できる言葉は存在しなかったのです。
五八年から仏教寺院は、正式に宗教施設となりましたが、神社は地域または政府の所有のまま、従前通り、人々に開かれた非宗派施設として管理されていました。第二章と第三章で神道の秘教的な流派の説明をしましたが、そういう流派と関係なく、神社は宗派を問わず誰でも利用できるものでした。
日本政府は、米国に征服される一九四五年まで、神社は宗教施設ではなく世俗的な公共施設であるという立場を取り続けていたのです。しかし、四五年以降、神道は宗教であるというキリスト教宣教師の意見が占領軍政府の見解となったので、神社は「宗教施設」であるとされ、宗教法人として位置づけされたのでした。

かつて世俗的な活動とされた神社神道が、体制の変革に伴い宗教活動に変更されるとは、一体どういうことなのでしょうか。その活動は、もともと決して世俗的ではなかったとでもいうのでしょうか。それとも、外部にわからないよう世俗的にふるまっていただけなのでしょうか。

宗教と世俗は全く別のものだという人がいるかもしれませんが、政府がそうと定める以外に誰が「宗教」と「世俗」を定義するのでしょうか。もし近代政府の役割は、公共の分野を定義し管理することであり、「宗教」の分野を私人の管理に任せることだとすると、政府は公共生活に対し「絶対的」な権威を持つ「唯一」の存在に事実上なろうとしているのでしょうか。そして、旧来の宗教的権威に代わってその役割を引き継ごうとしているの

でしょうか。

だとすると、G・K・チェスタトンが言ったように、「ゴッドを廃止したが、これに代わって政府がゴッドになった」ということになります。また、ティモシー・フィッツジェラルド教授が最近書いたこととも符合します。

「国民国家なるものは（見たものは誰もいないが）、超越的な存在ではなかろうか。国民国家は、権力組織の全部門から儀礼的な崇敬を受け、戦時には英雄という生贄を受けとり、ロンドンのホワイトホール街にある戦没者記念碑で全国民から一種の崇拝を受ける存在ではないだろうか。こうしてみると、国のために死ぬこととゴッドのために死ぬことに本質的な違いがあるのだろうか」

私の意見を繰り返しますが、古史古伝に偽書とか神話、宗教といった言葉を当てはめることはできないのです。そうした言葉は、いいわけであって、古史古伝の文書の意味について、ほとんどあるいは全く説明することができていないのです。文書を取り巻く状況や文脈について語ってくれるとしても、文書が伝えようとしているメッセージについては何も語っていないのです。「そのメッセージは、なぜこの古史古伝という媒体を選んだのか」という疑問に答えていないのです。

エンデの問いかけ

ミヒャエル・エンデは、『果てしない物語』という世界中で愛読された子供向けの本の作者ですが、あるとき、金融問題について討議する経営者や経済学者の集会に招待されたことがあります。エンデもわかっていましたが、童話の作家が経営者たちの詰めかけた部屋で話をするのは、あまりないことでした。しかし、彼は子供じみた単純な質問を投げかけてみて、経営者たちがどんな答えを返してくるのか聞いてみたいと思い、次のように自分の考えを述べ始めたのです（注4）。

「私が気がかりなのは、今世紀には良いユートピアの物語があまり見当たらないことです。ユートピア物語を目指して作られた最後の作品は前世紀に書かれたものでした。

例えば、技術が進歩すれば人類は幸福で自由な生活ができると考えたジュール・ベルヌの作品があります。また、社会主義国家になれば完全な幸福と自由が得られると考えたカール・マルクスの著書があります。しかし、現在では、このようなユートピア社会は、内部に矛盾を抱え、まちがっていたことがわかっています。

今世紀に入って想像した未来社会は、ウェルズの『タイムマシーン』に始まり、ハックスレーの『勇敢な新世界』、オーウェルの『一九八四年』という作品において描かれましたが、それらの作品は、悪夢ではないにしても取るに足りないものばかりです。われわれの未来は不安を抱えているかのように描いた作品です。救いようがない状態なので、こうなっては新しい望みをつなぐことすらかなわないのではないかと思えるほどです。

そこで、一つの提案があります。私どもは、今日の問題について終日議論してきました。そこで今度は、空飛ぶ絨毯に乗って百年先の未来へ飛んでみませんか。皆さんがどんな世界を望んでいるのか、お一人ずつ話していただきたいのです。

言葉を代えて言いますと、みんなでゲームをしてみたいのです。このゲームでは、皆が何かを言わなければなりません。ただし、一つルールがあります。『そんなことはできっこない』と言ってはならないというルールです。それ以外は、思いつく限りのことをしゃべって構いません。

産業社会のあり方について話してもよし、産業のない社会でも結構です。技術と共存する世界もよし、技術をすべてなくした世界でも結構です。どんな未来をお望みなのかを端的に説明してください」

エンデがこう話し終えたとき、聴衆の反応は意外なものでした。五分間ずっと沈黙が続いたのです。エンデは答えを期待して部屋の中を見渡しましたが、聴衆はじっと見つめ返すばかりでした。みな黙り込んだので、不気味な雰囲気になりました。ヘアピンが落ちる音も聞こえるほどの静けさでした。とうとう、たまらなくなったある経営者が立ち上がり、エンデに向かって質問の矢を浴びせました。

「一体全体、これはどういうつもりだね。くだらない問答だな。どう転んでも、三パーセントのGDP成長を続けないと、経済的にはみんな破滅してしまうのだよ」

エンデは答えました。

「その話は、もう終日皆さんがなさったのではありませんか。今から一時間ほどあれば、

ミヒャエル・エンデ

未来の大きな絵図を十分描けるのではないでしょうか」

けれども、聴衆の非難はますます激しくなり、司会はやむなく討論を中止させました。

なぜ会議の場で沈黙に続いて怒りが燃えあがったのでしょうか。おそらく、未来のアイデアは小説として語るべきという了解があったためでしょう。小説の世界では、未来像は幻想であって、まじめに受け取るべきではないということを誰もが了解しているからです。

経済学者たちは、科学的な追求として人間の選好を数値化する仕事をしていますが、彼らに望ましい生活の質についてどんな考えを持っているかを尋ねても、それは科学の神聖な領域を犯してしまうことになり、答えることができないのです。

今日、歴史を研究する場合も、同じような問題に直面することになるのです。

伝承の中に理念を求める

歴史学者や考古学者であれば、物の状態を調べて本物かどうか、ほぼ正確に判定することができます。けれども、歴史の意味について話そうとする場合、客観的な研究者だと自称する人たちでも、それについて確実なことを話すことはできなくなります。どんな考古学者も、発見した遺物は「善良な」王の持ち物だったとか、新しい文献が「悪辣な」文化から掘り出されたなどと発表することはしないでしょう。そういった発表は、「個人の意見」にすぎず、事実を確定しようとする科学者や歴史学者の任務を外れています。

しかしながら、世界に惨害を与えるのは、事実だけではありません。私どもの集積した世論の力を通じて世界が害悪をこうむることがあるのです。

近年、歴史学者たちは研究範囲を物ごとの因果関係という「客観的な」側面に限定しており、「臨界的（クリティカル）な」認識の枠組を用いて、人物や文献を地域の環境や状況の産物として把握することに重点をおいてきました。
古史古伝を疑わしいものと見るあまりにも多くの分析は、それらの文書の内容はほとんど意味がない的外れのものとして扱っています。しかし、古史古伝の置かれた環境や状況から意味をつかみ取ることは、過去の歴史から人間の知性の力を消し去ることであり、人間の願望を無視することでもあります。

人間は、さし迫った当面の問題を解決するに止まらず、より高次の原理や理法を用いて長期的な問題に対する解決策を見出したいと望むものなのです。古史古伝の「内容」自体をこのような角度から詳細に読み取ることによってのみ、私どもの質問に対する答えを見つけることができるでしょう。

もちろん、歴史と無関係にどんなことでも起こりうるというのは、今日では短絡的な考えとされています。現代においては、ユリウス・エヴォラの言うように、「あらゆる出来事はその時期と時代という条件の中で形成されると信じられている」のです。
近代主義者は、自分の運命は天の力ではなく、「必然的な歴史事象」と呼ばれる諸力によって差配されていると信じています。彼らは「歴史は必然」なのだから、動かしえない

「進歩」に向かって「適切に」ついていくべきと信じています。

事実の次元を超えたある原理を信じている人々、言いかえれば人間はなにか非物質的なものに向き合おうとするものと考えている人々に対し、近代主義者は、それは「後ろ向き」の考えに導くもので、未来の「自由」から離れさせるものだと非難しています。その先に何が起こるかわかっていないにも関わらず、彼らはそう主張します。

未来はどうなるか分からないのに、近代主義者の未来は明るいとする思考が、彼らの過去に対する態度を定めつづけています。彼らは、私どもが過去から受け継いできたのは、数々の国王や聖人、神々、英雄たちの事績ではないし、また徳と力の木々が茂る土壌でもないと考え、むしろそれらを解体し、残った木々を根こそぎにすべく「問題化する」こと、そして自由化、平等化の作業の支障となる「妄想」をなくすことだというのです。

この「問題化する」という動きは、未来に対する信頼が揺らぐにつれて非常に増えてきました。「問題化する」動きが増えてきたのは、多くの大学や報道で、そうした「脱構築」の作業にご褒美を与える雰囲気があるためです。

彼らは、無意識のうちに、歴史の「進歩」は期待されたほど速く前進していないと心配し、全員が「自由」の判決をうけるべく歴史の歩みを速める必要があると考えています。**しかし、こうした彼らの使命感に気づいて、これを疑問視すると、大学の終身教授たちがたちどころに神経質になるのを私は見てきました。**

今のところはまだ、現代の繁栄をもたらした歴史法則はさらに継続していくとする見方が大学など公式の場では残っています。しかし、近い将来、世俗的、歴史的な「摂理」なるものは弱まっていくでしょう。とすると、今後は二つの方向が考えられます。

一つは、わが文明は最終的に避けられない破局に向かっているとみる宿命論です。この宿命論を採用した人を何人か知っていますが、これはばかげた理論なのでここでは議論しないことにします。**もう一つの方向は、伝統に向かい、時間や空間に縛られずに永続する善や悪に関する知恵を探そうとする態度です。**

「伝承」（Tradition）という言葉は、過去の有害な遺物あるいは無関係な遺産をそのまま今日まで保存することを意味するのではありません。伝承に対し賛同あるいは反対する人たちの不十分な理解と、伝承という言葉そのものの意味とを混同してはなりません。人々が祖先の伝承について恭《うやうや》しく語るとき、それは祖先の教えのなかで現代風ではないが、有用と思われる原理を示そうとしているのです。

しかしながら、完璧な伝承というものは、どんな時代であろうと存在するはずがなく、存在するとすれば、容易には近づけないにしても、「あらゆる時代に存在する」ある領域の中にあるのです。

すなわち、美の領域があると信じるなら、美しい伝承が存在します。真実の領域があると信じるなら、真実に満ちた伝承が存在します。私どもが、そういった領域に目を向けるなら、美や真についての伝承を過去が教えてくれるでしょう。それでは、次にそうした眼を通じて古史古伝を見直してみることにしましょう。

「思い起こす」ということ

古史古伝をどの程度受け入れるかは、太古の人たちは、今はなくなっているが努力すれば思い起こすことができる情報を持っていたと考えるか否かにかかっています。

本書で、これまでルネ・ゲノンとユリウス・エヴォラの業績を幅広く取り上げてきました。二人とも、太古の情報を「思い起こす」ことは可能と考え、近代以前の国々や社会はその伝統の記憶を思い出して実現しようとしてきたと考えました。

事実、古代のギリシャ人たちは、この思い起こしの作業を「アナムネーシス」という言葉で呼んでいたのです。ソクラテスは、メノンとの対話の中でこう語っています。

「この不死の魂は、何回も生まれ変わり、この世あるいは地下の世にあるものを見てきたので、それらについての知識を持っている。だから、魂が徳を含めてあらゆる物事について知っていたことを思い起こすのも不思議なことではない。物事の性質は似通っており、魂はあらゆる物事を習ったので、ひとつの事を思い起こせば、他のすべての事を引き出すこと（習うこととともいう）ができるのである。物事を尋ねるということ、習うということは、すべて思い起こすことに他ならない」

そうだとすれば、古史古伝はなぜ産みだされてきたのでしょうか。

私どもの考えでは、その理由は、太古の伝承を知ることは「思い起こす」ことであり、

そして歴史は理念の記憶をよみがえらせるための手段であるからです。太古の伝承は歴史として書かれていませんが、今日まで無数の伝承が伝えられてきました。

しかし、ある伝承を後世に伝えるにはそれを思い起こす必要があります。ここで、理念のある歴史を書き残すという作業が入ってきます。というのも、「歴史の真実性は、歴史家が採用した理念の真実性に裏付けられている」からなのです。

日本の太古の歴史は、公式の歴史書では、あまりにも不可解で的外れなので、読者は本当の基本を理解することができず、こうしていわゆる古史古伝が登場してくるのです。樒崎皐月が語ったように、日本書紀と古事記と古史古伝はみな、ある一つの理念を解釈しようとしたものなのです。

このことは、古史古伝が実際に太古に書かれたものではないことを示唆しています。

もちろん、歴史学と考古学は、ときどきびっくりさせるような太古の発見をもたらし、公式見解を覆すことがあります。例えば、トロイア戦争は、ホーマーの書き残した『イリアド』を熱烈に信じていたアマチュア探検家によって発見されたのでした。

日本でも、相澤忠洋《あいざわただひろ》という商店主が太古の時代が大好きで一人で荒れ地を探索していたとき、一九四六年に日本で最初の旧石器時代の遺物を発見したのでした。当時、学者たちはみな旧石器時代に人が住んでいなかったという意見を抱いていたのです。また、エディアカラ紀（六億年前）の化石は、一八七二年に発見されていましたが、学会では一九五七年までその事実を伏せていました。まだまだ、日本や他の国で地下に埋もれている驚きの発見があるかもしれません。

しかし、このようなみごとな反証となる事実があろうとなかろうと、古史古伝の価値はそれが事実かどうかではなく、ある法則を含んでいるかによって決まってくるということに変わりはないのです。

第一章で記しましたが、古史古伝は「霧のなかのロマン」なので、疑わしく思う人は、これを歴史の見方の中核に置かなくてもよいのです。例をあげると、カトリック教会は、「聖書外典」と呼ばれる信頼性に欠ける文書の扱い方を知っていました。聖書外典は疑わしいものですが、カトリックは、眉唾ながらも知恵を伝える一つの源泉として今も聖書に含めています。

こうしてみると、古史古伝は「歴史の外典」と名づけてもよさそうです。しかし、残念なことに、聖書学以外の世界では、「外典」という用語はまったく否定的な意味合いで使われています。古史古伝は、外典といえども、少なくとも部分的に真実の原理や理念を伝えている限り、積極的な意味合いを持っているのです。

日と月の調和

本書で私が取り上げた四つの古史古伝（旧事紀、ホツマツタヱ、カタカムナ文書、竹内文書）は、いろいろな角度から見ても、互いに全く異なっていますが、ひとつ共通していることがあります。つまり、それらは太古の国が実在していたことを覚えているということです。その国では、一貫した目的のもとに芸術、科学や行動がすべて矛盾なく行われていたとされています。

言いかえれば、日本の太古史を記憶している三つの文書は、すべてユリウス・エヴォラがいう「活きた国」（organic state）のイメージを伝えているのです。

エヴォラはこう記しています。

「太古の形態の主流は、その統一体が単に政治的な性格を帯びていただけでなく、それよりむしろ精神的でしばしば宗教的な性格を持っていたということである。その政治的な領域は、思想や法律、習慣、儀式並びに経済のあり方のなかに明瞭に表現されている、ある理念ないしものの見方によって形成され維持されてきたのである。
言いかえると、ある単一の精神が、人間の生存の様々な形に対応する文化諸形態のなかにはっきり表明されていたのである。この意味で、活き活きしていること(organic)と伝統的であることは、多かれ少なかれ同義語であると言ってよい」

まさにその通りです。古史古伝はしきりに、この「単一の精神」を再興しようとしています。四つの文書は、みな日本を一系のスメラミコトの教えのもとに統合しようとしています。また、旧事紀七二巻本は、競合する伝統もあわせて一つに統合すべきことを明らかにしようと試みています。

西欧の古史古伝に目を向けても、やはりその多くは同じような調和を同様のやり方で創りだそうとしています。たとえば、『サクロモンテの指導書』や『バルバナの福音書』(付録二）といった文書は、（偽書とされていますが）キリスト教とイスラムの統合を目指して書かれています。

しかしながら、エヴォラの期待に沿えない大事な点が一つあります。

エヴォラは、本当に「活きた国」は、それを征服し従属させる偉大な男たちの強い「男の絆」によって管理すべきものと考えていました。支配者の男たちは、なんでも自給でき、女性的な月の原理も自分の力でいつでも受容することができたので、慎重に熟慮するという女性的行動も、自分たちが望むときだけとればよかったのです。ところが、本書で検討した古史古伝は、そうではありません。

四つの文書では、太古の時代に太陽と月の調和があったことを伝えています。均衡のとれた太陽と月の結びつきによってより高いレベルの統合ができ、こうして人々が力強く和やかな絆のうちにお互いに助け合うことができていたと伝えています。このことは、ホツマツタヱやカタカムナ文書にはっきり述べられており、他の文書でもほのかに伝えているところです。

ここで、なぜゲノンがエヴォラと意見を異《こと》にしたのか、その理由が判明してきました。エヴォラは、ニーチェ流の強い意思を太陽の力に求めていましたから、弱々しいキリスト教は「問題ある影響」を歴史に及ぼし、「活きた国」を根底からダメにしたという歴史修正的な解釈をとっていました。

他方、ゲノンにおいては、「力強さと正義」という左手の道と「慈愛と平和」という右手の道を融合させた原始状態の「統合」がみられるのです。ゲノンの著作では、キリスト教は「異教の国の正義」を「母なるキリスト教会の平和」に溶け込ませようとしたものであって真実の伝統であるとしています。

だが、私はここでエヴォラとゲノンのどちらが優れていると断言しようとは思いません。意見は異なっていても、この二人は太古の時代を他の誰よりもしっかりと把握していると思うからです。

時間を節約しても

そこで当面、古史古伝は、その作者が思い起こした太古の伝承というものが存在することを示しておきましょう。そうすると、古史古伝の描く過去のすばらしい映像にはまり込んでいる者が、それと非常に異なった現代に埋没して生活している場合、どういうことになるのでしょうか。そういう人は、その地点からどこに向かっていくことになるのでしょうか。現代に絶望し、時間の流れが過去に向かって引っ張られていると感じるかもしれません。

でもそこで、時間というものについて私どもはやっと理解し始めるようになるのです。私どもの生命は、フイルム画のように静止しているわけではなく、放たれた矢のように飛び回っているのでもありません。そうではなくて、**私どもは過去のおびただしい出来事を通じて友人や家族とつながっているけれども、同時に未来に向かって絶えず走り続けるにつれて、周りの人々とのつながりが弱くなっている存在なのです。**

先ほど言及したミヒャエル・エンデは、『モモ』という好奇心をそそられる物語を書いています。それは、モモという物静かに見聞きする少女が、「灰色の紳士」の一団を発見するという物語です。その紳士たちは、非常に注意して見ないと、見えてこない存在ですが、人生は時計の針と競争していると見せかけて、ある仕掛けをします。紛らわしい事実と数字を並べてみせ、小さな人生をゆっくり考えながら歩むと、ずいぶん時間を無駄にすることになるということを「立証」しようとします。

物語の中で、人々は、急に時間を節約しなければという思いに駆られ、生きるに値する大事なものを忘れ、「失った時間を取り戻そう」と急ぎに急いで仕事をし始めます。しかし、節約したと思った時間は、その灰色の紳士たちにすべて食われてしまうのですが、誰も紳士たちの存在に気づきません。そこで、モモは「紳士たちの仕組みに何か弱みがないかを探すように」という難題を与えられるのです。

エヴォラが、近代における「正気を失ったあわただしさ」や「止まってはいけない競走」について語るとき、まさしくエンデが説明しようとした行動を物語っているのです。

そしてエンデも、エヴォラと同じように、あわただしさは近代に由来することを見つけていました。エンデによれば、近代初頭の西欧は、「客観的な真理」という神話を産み出しましたが、それは「幻想と同義とされた主観的意見」とは正反対のものと考えていたのです。

このニュートン風の客観科学は、ゲーテの「科学」と対照的なものとエンデは考えていましたが、この客観科学が新技術を生みだし、生活の仕方をすっかり変革してしまいました。しかし、いわゆる「客観的で科学的な真理」なるものは、量的に説明できるのみで、質という考えと無縁なのです。したがって、価値について考えることもできません。人生の時間をいかに生きればよいかは教えてくれず、ただ時間をいかに節約するかを教えるばかりなのです。

灰色の紳士たちは価値とは無縁ですから、人々を量と数字で騙そうとします。彼らは（エンデの言葉によると）「どんなものでも価値は同じだから、つまりはどんなものも価値がないということさ」とうそぶくことしかできません。

灰色の紳士たちは、こうして誤った反道徳を奨励し、目の見えない教え子たちに伝統的、定性的なものに価値はないと非難させ、その代わりにもっと大きく、もっと早く手に入る物量を求めようと浅はかな競争を勧めます。「不確かな未来に向かって歪んだユートピアを推し進め」ようとします。その未来では、どんな個人も同じ人物として扱われ、ＧＤＰはますます増大していくことになるでしょう。

正直なところ、もちろん、この世で無限のものはあり得ません。生命の数は死によって制約を受け、石油の量も死に絶えた恐竜や魚類の地下から掘り出せる量によって制限を受けます。このことからも、終わりというものは無いと言い、終わりを失敗としか見ない近代世界は嘘だとわかってきます。これに対し、太古の伝承の世界では、終わりというものが理解され、受け入れられ、熟慮されているのです。

私は、一読に値する『モモ』の結末をここで明かして台無しにしてしまわないようにしますが、しかし、あきらかにエンデは灰色の紳士たちを負かすことができると信じています。彼らを打ち破ったときに、都市に住む人々は慌てふためく必要はなくなったと急に気が付き、読者も危機や差し迫った終末という言葉は不必要というかすかな希望を与えられます。

ゲノンの言う「近代世界の危機」なるものは、無限の物量を供給するという、果たされない近代の約束はますます危機に瀕しているということを意味しているにすぎません。世界そのものは、危険な状態ではないのです。私どもも、この競争をやめる方法を学びさえすれば、危険ではないのです。

ジョン・ミッチェル・グリアーの言葉を用いるなら、「いま倒れておけ、そうすれば殺到は避けられる」ということなのです。**「太古の伝承に帰れ、そうして危機を終わらせよ」ということです。**それは、耳にはたやすく聞こえますが、残念ながら、実行は難しいのです。

私どもは「何になりうるのか」

エンデが誰かから聞いたこととして書いていますが、**「第三次世界大戦はすでに始まっている。それは陸上の闘いではなく、時間の上の闘いなのだ。我々は、未来の孫たちを、もう殺しつつある」**のです。近代世界は、我々の過去と未来の環境や文化という資源を消費し、破壊せよと要求しています。この継続中の戦争から急に反対側に回ることは容易なことではありません。反対に回ると、私どもは以前に持っていた確信を裏切ったように感じ、どこに避難場所を見つければよいのか自信がなくなるのです。正しい側についていないのではないかと不安になってくるのです。

「灰色の紳士たち」が世界中で生み出したこの大混乱のおかげで、私どもは、祖先の生活様式からしばしば切り離されています。あるいは、書物をよく調べ、伝統生活の知識を入手して、活きた共同体に入ろうとしても、どこか精神的に祖先から切り離されているように感じます。そして、**祖先の「太古の伝統」**という考えについて、無関心な局外者の立場から、それは誤りであったと考えるかもしれません。

この近代の後期において求められているのは、太古の伝統に還る数多くの道を明らかにすること、そうして独りでいる局外者も乗ってみたくなるような車を、なんとか見つけることができるように取り計らうことです。

本書が、そのために多少のお役に立てることを希望しています。太古の伝統を眺める古史古伝の窓は、歩むことのできる経路を窓ごとに示してくれています。もちろん、これらの古文書は現代人がその経路にしたがっていく歩み方を説明してくれてはいませんが、**古史古伝は宗教や政治、神話、歴史といった従来のカテゴリーを超えているので新しい歩み方が求められるでしょう。**

おそらく、少数の迷える魂が太古の日本の歌を聴き、「進歩」という行進から離れ、太古の伝承に還っていくことになるでしょう。その時、太古の伝承は両手を広げて彼らを迎え入れてくれるでしょう。

私どもが歴史を学ぶのは、自分が「何であるか」を知るためと言ってよいでしょう。とするなら、古史古伝を学ぶのは、私どもは「何になりうるのか」を知るためなのです。古史古伝は、歴史は事実の科学だとする見方をひっくり返し、歴史を可能性の領域に運び込み、可能な歴史の幅を広げてくれるのです。(了)

訳注

本訳書では、約三三〇〇年前から始まる縄文晩期から古墳時代までを「古代」と呼び、それ以前を「太古」または「超古代」と呼ぶことにする。この定義によると、旧事紀とホツマツタヱの内容は、おおむね古代に属し、カタカムナ文書と竹内文書は、太古、超古代に属することになる。

第一章

注1（P30）：Parahistory（パラヒストリー）に相応する日本語は「古史古伝」という四文字熟語で、「古い歴史と古い伝説」を意味している。パラヒストリーは著者の造語であり、一見すると中立性にやや欠ける感はあるが、パラヒストリーと古史古伝は正史に異議を呈するものという点で共通している。

注2（P37）：ユリウス・エヴォラ　イタリアの哲学者、政治思想家（一八九八―一九七四）。古代の神秘主義思想を追究し、近代の民主制や革命理論を批判。その著述は、

ルーマニアの宗教学者ミルチャ・エリアーデに影響を及ぼした。
ルネ・ゲノン　フランスの作家、神学者（一八八六―一九五一）。古代の伝統を重視する「聖なる科学」を提唱。ヒンドゥ教、道教を研究したが、のちにイスラムのスーフィズムに改宗。エジプトに渡り、著述と修行に励むが、晩年はフランスでフリーメーソンの支部を開設し、古代中東の伝統に還る運動を起こした。

第二章

注1（P58）：今日では忘れられているが、古事記より日本書紀の方が古いという梅沢伊勢三《うめざわいせぞう》の『記紀批判』もあり、原日本書紀なるものが存在したとする友田吉之助《ともだきちのすけ》の『日本書紀の成立の研究』などもある。

注2（P59）：続日本紀《しょくにほんぎ》（和銅元年、七〇八）に、「挟蔵禁書。百日不首。復罪如初」（禁書を隠し持っているものは、百日以内に自首しないと恩赦を与えない）とある。「正史」の統一的な編纂のため、異説を記した古代の記録は禁書とされたものとみられる。別の帝王系図を記していたホツマツタヱなども弾圧されたものと思われる。

注3（P79）：ホツマツタヱでは、フトマニは四八音からなる同心円状の円盤を用い、二種類の音群の組み合わせより占うことを意味している。（第四章参照）

注4（P80）：卜部《うらべ》兼倶《かねとも》の子、清原宣賢は、『日本書紀抄』（一五二七）で「神代ノ文字ハ、秘事ニシテ流布セス、一万五千三百七十九字アリ、其字形、声明ノハカセ（節回し）ニ似タリ」と述べている。神代文字は、神威のあらたかな神聖なもので各氏族の神職以外は扱ってはならないものとして厳重に秘匿されていたようである。したがって、どの氏族も独自の文字を公開して、共通の表記法とすることは拒否したものと思われる。

注5（P81）：南北朝時代の忌部正道《まさみち》は、『神代巻口訣』で、「神代文字は象形である。応《おう》神《じん》天皇の時代に異域の書が流入し、推古《すいこ》天皇の時代に至って、聖徳太子が漢字を日本字にあてはめた」と述べて忌部広成《ひろなり》の説（『古語拾遺』）を否定した。

注6（P82）：P77の写真は駒ヶ根市の大御食《おおみけ》神社の社伝をアヒル草文字で檜の板に記したもの（一部）。平田篤胤『神字日文考』にも社伝記の記述がある。

注7（P82）：古代文字を残す浮彫や古文書を持つものとして、大内神社（岡山県備前市）、唐松《からまつ》神社（秋田県大仙市）、英彦山《ひこさん》神宮（福岡県田川郡）、川上神社（岡山県

小田郡矢掛町）、法隆寺、三輪神社、鹿島神宮、出雲大社（出雲文字）の他に、丹《に》生《う》神社（三重県多気郡丹生村）、二荒山《ふたらさん》神社（栃木県日光市）、赤間古墳（下野郡）、貫前《ぬきさき》神社（群馬県富岡市）、石上《いそのかみ》神宮（奈良県天理市）等が知られている。ほかに、落合直文《おちあいなおぶみ》著『日本古代文字考』、吾郷清彦《あごうきよひこ》『日本近代文字研究事典』にも多数の記録がある。

第三章

注1（P86）：日本書紀皇極四年に、焼失する直前の国記をとりだして中大兄皇子《なかのおおえのおうじ》に奉ったと記録されている。これと天皇記の写しをもとに、先代旧事本紀が編集された可能性は残る。

注2（P90）：Bentley, John R. The authenticity of Sendai Kuji Hongi: A New Examination of Texts with a Translation and Commentary. Boston: Brill, 2006
なお、鎌田純一《かまたじゅんいち》は『先代旧事本紀の研究』において、その本文の成立は大同二年（八〇七）の古語拾遺のあと、藤原春海《はるみ》が日本紀の講書を行った延喜六年（九〇六）

の前であることを考証している。

注3（P100）：長野采女《うねめ》は、伊雑宮に雇われていたと非難されたが、その証拠はない。『長野采女伝』を書いた采女の弟子、仙嶺《せんれい》によると、京都に来る前には伊雑とはまったく別の地域に住んでいたという。また、同書によれば、長野家では物部氏の古文書を保管していたというが、それと旧事紀七二巻本の関係は明らかではない。

注4（P100）：ローマ市とローマ帝国の西部の支配権をカトリックの教皇に譲渡したという勅令。

注5（P102）：花山《かざん》天皇が純粋な宮中神道を保持させるため子孫に設立させた白川神《じん》祇《ぎ》伯《はく》家。皇太子と摂関家に宮中神道を伝授してきた。吉田神道の影響力が衰えた幕末に息を吹き返したが、明治政府により皇室に対する神道教育の任務をはく奪された。

注6（P105）：旧事本紀によれば、土笥は、平岡宮と泡輪宮《あわのみや》から発見された。平岡宮は、河内国一宮の平岡神社。その山中の地下に土笥がまだ眠っているかもしれない。泡輪宮の現在位置は未確定。阿波国麻植郡《おえぐん》の阿波神社を含め諸説がある。

注7（P107）：実際には、六二二年から一六二二年までの千年間を予言したと称して

いる。この文書は一六七二年に出現しているから、第三次大戦まで予言したというのはしらける話ではある。

注8（P１１２）：現代日本において、神儒仏三つの道は、公式には影響力を失ってはいるものの、過去、現在また将来の不安に対する答えをみつけようとする場合、人々はいまでも神、儒、仏の道を参考にしようとしている。

注9（P１１８）：和を中心において、一六条を配置すると理解しやすくなる。一六の象徴は、和（一六弦の琴）の周りに配置されており、一六の条理を示している。

注10（P１１８）：日本書紀憲法第二条は、「篤く三宝を敬へ、三宝とは佛法僧なり、則ち四生の終帰、萬国の極宗なり」と仏教専一主義を採用しているのに対し、推古五憲法の通蒙第一七条は「篤く三法を敬へ、三法とは儒と佛と神なり、則ち四姓の倶に帰依するところ、萬国の大宗なり」と神儒仏に公平な態度で臨んでいる。和をもって尊しとする太子が仏教専一を唱えるのはあり得ない、仏教者たちが日本書紀において改変したというのが五憲法の支持者の意見である。

注11（P１２１）：エヴォラは太古の世界の伝承を研究した思想家で、「活きた国家」は、近代世界が登場する以前に世界中に存在していたといっている。

注12（P126）：石田一鼎は、佐賀藩士で儒仏に通じていた。『葉隠』を著した山本常朝《やまもとつねとも》の師で、佐賀武士道の開祖とされる。

注13（P139）：千葉県成田市にある麻賀多《まがた》神社の境内社である天日津久《あめのひつく》神社のこと。

注14（P142）：「天の大神は指を折りて数へ給ふたのであるぞ、天の大神の指も五本であるから、それを五度折りて二十五有法となされ、五十をもととされたのぢゃ、神々、神心、神理、神気、神境であるぞ、この交叉弥栄は限りなし、これを五鎮と申すのであるぞ」（日月神示より）

なお、依田貞鎮《よださだしず》は「道とは正神を心に修め、理を明らかにし、気を養い、境を貞《ただ》す」ことと解釈している。

第四章

注1（P149）：ワカは見つけられ、拾われ（「ひろた」）、そして美しい歌を詠む姫君へと育てられた。ワカ姫が三歳の祝いを迎える年に、父四二歳、母三三歳の厄年が重なるので、一度捨てられることになった。

研究者は、兵庫県にある広田神社の近くで拾われたとみているが、広田神社は、古代の和歌の伝統を有することで知られている。

注2（P150）：フィネガンズ・ウェイク　ジェイムズ・ジョイスの難解な英語小説（一九三九）。アイルランドの首都を舞台とし、現代と伝承の世界を二重写しにした作品。フィネガンの通夜（wake）の場面から始まり、人間の意識の目覚め（wake）へと向かう。ここでは、ワカヒメの和歌（waka）とwakeをかけている。

注3（P150）：ホツマツタヱはすべて、やまとことばだけで綴られている。現代日本語では使用されなくなった用語や、文法・活用形を見いだすことができる。ホツマツタヱは西暦一二七年に景行天皇に献上されたものであるが、その前半部分の完成は、紀元前七世紀頃までさかのぼるという研究がある。

注4（P158）：禁書化された後も、ホツマツタヱは各所で秘匿され密かに護持されてきた。陰陽道系の学者や、歌人、あるいは真言や天台の密教学僧によって継承されてきたことが、近年の研究で解明されてきている。だが、その本源ルートや、お互いの繋がりは不詳。

注5（P158）：「田舎」とは、琵琶湖西岸の高島のこと。井保家は、織田信長に領地

没収されるまでは、地方小領主として高島において君臨していた。高島は地方都市ではあるが、北陸と京都を結ぶ交通の要路に位置しており、豊饒な田園地帯で石高も高く、万葉集でも詠われることの多い上古から豊かな地域であった。

注6（P161）：伊勢神宮の書庫には、まだ他にもあるかもしれない。あるヲシテ研究家の報告では、福島県のとある旧家の窓も扉もない部屋が一九六七年に解体されたとき、そこから多数のヲシテ文献が発見されたという。家長は、伊勢神宮に売却したと話したそうである。ちなみに、伊勢神宮は旧事紀三一巻本のほかに秘密の別巻一〇巻を保有しているが、多くの蔵書は秘匿されたままである。

注7（P163）：近年では、徳橋達典《とくはしたつのり》の『日本書紀の祈り　多様性と寛容』、吉田唯《よしだゆい》の『神代文字の思想』など、学会も関心を持つようになってきている。国文学研究資料館の「日本語の歴史的典籍の国際共同研究ネットワーク構築計画」事業においては、ホツマ文献が、我が国の「歴史的典籍」としてデータベース化されるに至った。

注8（P166）：すべては、母音と父音、すなわち陰陽の作用に起因し、母音は宇宙の五元素を表象して、父音は、誕生・成長・成熟・再生という巡りを表象しているという内在論理。

注9（P169）：フトマニ図にある八音と一六音の組み合わせ（8×16）で出来る三音の組合わせ一二八種から、一つを選び吉凶を判断する。それぞれに対応する一二八の箴言《しんげん》は、和歌の形でしめされている。

注10（P170）：アンドリューの著書は未刊となったが、タマカエシなどに関する論稿は残されている。

注11（P173）：度会延経《わたらいのぶつね》は、江戸前期の外宮の権禰宜《ごんねぎ》。神典・和歌に通じ、伊勢神道から仏教色を拝し儒教を取り入れた。『陽復記《ようふくき》』、『神宮秘伝問答』などを著す。門下に山崎闇斎《やまざきあんさい》ら多数。

注12（P173）：『寛治四年十一月四日伊勢奉幣使記』によれば、伊勢神宮に奉納する天照大神の装束一式がほとんど男性用の衣装であり、江戸時代の伊勢外宮の神官、度会延経はこれを典拠にして男神説を唱えた。（『内宮男体考証』『国学弁疑』）。また、『山槐記《さんかいき》』、『兵範記《へいはんき》』にも内宮に男子装束が奉納された記事がある。なお、天照大神を男神、蛭子神を女神とする記述は、安居院の『神道集』巻一「神道由来の事」、曼殊院の尊円の『古今序注』がある。（以上、ウイキペディア）

注13（P174）：アメナル道については、陰陽和合、天地人合一と転生のほか、栄枯盛

衰の循環、中心と周辺の巡りある統合、これらの原理による道義ある徳治を包括した教えとみる日本の研究者が多い。

注14（P182）：ヌエは伝説上の生き物で、頭は猿、体はタヌキ、脚は虎、尾は蛇。黒い雲に化けたら飛行も可能となる。

注15（P186）：アメナル道は、「ト（瓊）の道」とも称され、その要諦を記した「アメナルフミ＝カグノフミ」が、皇位継承の際に手渡されたが、その象徴とされた神器が「ヤサカニノマカルタマ」であり、「玉（瓊）」である。三種の神器（ホツマでは「ミクサのミタカラ」）は、アメナルフミとフミの象徴たる「玉」と「鏡」、「剣」であり、記紀と一致する。ただし、「アメナルフミ」は、散逸し、ミクサの御宝の授与も神武以降は形骸化された様子が「人の巻」に記述されている。この「玉」は、曲がった勾玉ではなく、イサナギの命の首飾り、連珠とする見方がある。

注16（P188）：この「歳」は、鈴枝穂《すずえほ》と呼ばれる特殊暦年である。鈴枝穂の分析から平成二十七年は、天照カミの生誕三三〇〇年にあたるとする見解がある（千葉富三《ちばとみぞう》『甦る古代日本の原典ホツマツタヱ』）

注17（P197）：ハーマン・オームズの著書（Imperial Politics and Symbolics in

Ancient Japan）によれば、新羅と高句麗そしてシナの数王朝の外人支配者は大和朝廷の出身であったと記した二冊の本が禁書とされた。禁書となり現存していない天皇家の家系図とは、『倭漢惣歴帝譜図《わかんそうれきていふず》』と『帝王系図』（舎人親王《とねりしんのう》撰）であった。日本後紀を参照。

注18（P197）：『アエネーイス』は、古代ローマの詩人ウェルギリウス（前七〇年―一九年）の書いた叙事詩でラテン文学の最高傑作とされる。全一二巻。トロイア滅亡後の英雄アエネーイスの遍歴を描く。

第五章

注1（P201）：ここでいう科学は、ラテン語のスキエンティア、叡智の意味で用いられている。

注2（P210）：金鳥山にある保久良《ほくら》神社が、そのカタカムナ神社ではないかという説がある。また、金鳥山の奥にあるストーンサークルが、狐塚という意見も。

注3（P211）：上記《うえつふみ》は、付録一「日本の古史古伝」を参照。

注４（Ｐ２１４）：芦屋道満は、平安時代に安倍清明《あべのせいめい》と闘ったとされる陰陽師であるが、代々アシアトウアンを名乗ったカタカムナ族の族長の子孫とみる説もある。カタカムナウタヒは、難解な太古の言葉からよく知られている古代の神々の名までも含まれているところから、時代とともに付け加えられてきた「加上」の詩文とみられる。

注５（Ｐ２３７）：レイラインは、英国の巨石群が一列に配置されていることから、一九二一年に英国の考古学者が名付けたもの。大地を調える意味があるとされるが、地磁気との関連は不明。ダウジングは、Ｙ字型の棒や振り子の動きを見て、地下の水脈や鉱脈を発見する手法。地下の電磁気と人間の生体電磁気が共鳴して起きる現象とされる。

注６（Ｐ２４０）：ヘルメス文書
古代エジプトの思想を伝える文書群で、ヘルメス＝トリスメギストスが弟子に教える形式で書かれている。紀元前三世紀以降の占星術、太陽信仰、錬金術のほか、紀元三世紀までに新プラトン主義やグノーシス主義の影響を受けて書かれた哲学（一者からの光の流出、神の認識）などが含まれている。ルネサンス期にラテン語に翻訳され、アウグスティヌスなどに影響を及ぼした。

ヴェーダ文書
紀元前一〇世紀から前五世紀にかけて、古代インドの口承を編集したもの。ヴェーダは叡智の意味。バラモン教とヒンドゥ教の聖典となっている。中心は、マントラ（讃歌）を記すサンヒター部であるが、そのほかにインド哲学の奥義を記したウパニシャッド部、祭式の手順を記したブラーフマナ部、その神学を語るアーラニヤカ部がある。

注7（P240）：近年は、さらに芳賀俊一《はがしゅんいち》や吉野信子《よしののぶこ》らによってそれぞれ独自の解釈が唱えられている。丸山修寛《まるやまのぶひろ》は、カタカムナの形のパワーを利用した独自の医療を研究している。なお、カタカムナのウタヒ八十首は、数世紀以上にわたって追加されてきた形跡があるので、一つの固定した単音解釈ですべて解読するのは無理があるかもしれない。時代によって、単音の意味も相当変化したとみられるからである。

第七章

注1（P288）：G・K・チェスタトン（一八七四―一九三六）。英国の作家、批評家。

カトリックに改宗し、その立場から当時の物質主義、機械万能主義の社会に対し鋭い批判を加えた。

注2（P296）：J・R・R・トールキン（一八九二―一九七三）。オックスフォード大学英語学教授。作家。『ホビットの冒険』、『指輪物語』などゲルマン、ケルトの神話伝承に関する作品で有名。

注3（P298）：ナージ・アルバラハー文書　ムハンマドの甥のアリ・イブン・タリブの雄弁な説教をまとめたという文書。一〇世紀のシーア派の学者が編集したもので、シーア派文学の傑作とされている。

注4（P302）：ミヒャエル・エンデ（一九二九―一九九五）。ドイツの児童文学作家。貧窮の少年時代を送り、演劇を学ぶが、のちに作家に転向。代表作に『モモ』、『果てしない物語』。日本の黒姫童話館にエンデの文学資料が保管、展示されている。

付録一　日本の古史古伝（年代は出現した時期）

九三六　『先代旧事本紀』一〇巻本（第三章参照）

一六七〇―一七二〇　『先代旧事本紀大成経』（三〇巻本、三一巻本、三八巻本、七二巻本）（第三章参照）

一七三〇　『喚起泉達録《かんきせんだつろく》』

若林家古記に基づいて富山藩士野崎伝助が著した越中の古代史。越中の神代からの歴史、説話などの古伝承を記録したもの。アネクラ姫という支配者が越中を統合したこと、織機を発明したことなどを記載する。アネクラ姫を祀る姉倉《あねくら》比賣《ひめ》神社が富山市にある。

一七六四―一七七七　『ホツマツタヱ』、『ミカサフミ』、『フトマニ』（第四章参照）

一八七三　『美《うつく》しの杜《もり》社伝記』

桐の板に神代文字（アヒル草文字）で記録された大御食神社（駒ヶ根市）の社伝記。東征中のヤマトタケルを神社で饗応したことなどを記録。（ホツマツタヱでも、日本武尊をヤマトタケと呼んでいる。タケルと読むのは近世以降）アヒル草文字は、平田篤胤が実在した神代文字と推定した文字である。

一八七三　『上記《ウエツフミ》』

豊後国大野郡土師村の宗像家に伝わっていた家伝。一八三一年に入手した国学者幸松葉枝尺《さちまつはえさか》が価値を認め翻訳を始めた。その伝書は、一八七三年に焼失したが、同年に大友家の文庫からも写本が発見された。十三世紀に大友能直《おおともよしなお》が編集したという序文がある。現在、大分県立図書館に保存。

一八七七年に国学者の吉良義風《キラギフウ》が、これを要約出版し、その真正なることを主張したが、古事記を翻訳したB・H・チェンバレンは偽書と認定。その理由は、年代に間違いが多いこと、古代に紙や染料、車両など高度の技術があったと記載していることなどからである。

しかし、この古伝は独自の文字を用いて古代文明を記録しており、古代の習慣、度量、地質、言語、暦、天文、教育、医療、外国の地誌などを含む百科全書となっている。大分出身の小説家三角寛《みすみかん》（一九〇三―一九七一）は、これを山間部に居住していたサンカの豊国文字と主張した。神武天皇以前に七二代の天皇がおり、最後の天皇はウガヤフキアエズと呼ばれたとされるが、この名は記紀にも神武の父として出ており、竹内文書にもウガヤフキアエズ王朝が登場している。

一八八六　『琉球神道記《りゅうきゅうしんとうき》』

一六〇五年に浄土宗僧侶が書いた本地垂迹の説で一部に琉球の開闢神話が載っている。当時琉球で用いられていたという古代文字が紹介されており、一八八六年に東京考古学会誌に沖縄の古代文字として紹介された。

一九〇五　『契丹古伝《きったんこでん》』
浜名寛祐《はまなかんゆう》という軍人が、日露戦争従軍中に奉天郊外のラマ教寺院で発見した文書。一〇世紀に東丹国（契丹の分国）の耶律羽之によって撰録された史書で、契丹文字を含む。スサノヲが朝鮮の聖地白頭山に降りたこと、その子孫が中国大陸に超古代王朝を築き、契丹王朝もその末裔であったことなどを伝える。

一九〇八　『但馬国司文書《たじまこくし》』
但馬の国司によって八一四―九七四年にわたり編集されたもの。神武から推古までの但馬の歴史を著す。かつて、ミカサと呼ばれる但馬の部族長が大和朝廷に滅ぼされたと伝える。（古事記にも、朝廷軍が但馬のクガミミノミカサを征服したという記述がある。）ある史家は、この文書は一八一〇年に偽造されたものと決めつけたが、吾郷清彦は、確かに平安時代に編集されたものであり、竹内文書と共通する点もあると評価する。

一九一九　『甲斐古蹟考《かいこせきこう》』

甲斐の国に伝わる古文書（七一二―一五四四）を須田宇十《すだうじゅう》がまとめ、子息が一九一九年に出版したもの。甲斐の国は、（正史ではその部族長が垂仁天皇を暗殺しようとしたという記事が見えるが）、実は朝廷に最も忠実であったこと、甲斐の古い神社群の祭神は、もとはクイの神であったことなどを伝える。クイの神は三〇〇〇年前の中国の史書にも一本足の不思議な生き物とされている。

一九二二　『宮下文書《みやしたもんじょ》（富士文書、神皇記）』

富士吉田の宮下家に代々伝わった古文書。日本最古の高天原王朝は、奈良地方ではなく富士山の山麓にあったこと、アマテラス、ツキヨミ、スサノヲは、神々ではなく、古代王朝の支配者であったことなどを記す。蓬萊山の薬草を探しに訪れた秦代の徐福《じょふく》が富士王朝の歴史をまとめ、その子孫七代がその後の歴史を書き継いでいったとされる。富士王朝の存在については、上記やホツマツタヱにも類似の記事がある。

一九二二　『南淵書《なんえんしょ》』

七世紀の僧南淵請安《みなみぶちしょうあん》が記し、筑後の権藤家に伝わっていた虫食いの写本を権《ごん》藤成卿《どうせいけい》が校訂、翻訳したもの。南淵は、三二年間隋に留学したあと、帰国し中大兄皇子の師匠となる。本書は、中大兄皇子と南淵の問答の記録とされている。神武時代の朝鮮と日本との戦争、貿易について、また太古の日本が相互扶助の平和な社会を築いていたことなどを記述している。契丹古伝と同じく、スサノヲが朝鮮、満州の開祖であるとしている。一条実輝《いちじょうさねてる》公爵を通じて明治天皇に権藤の翻訳本が献上された。

一九二八　『竹内文書《たけのうちもんじょ》』（第六章参照）

竹内巨麿《たけのうちおおまろ》（一八七五―一九六五）が皇祖皇大神宮に代々伝えられたものと称して昭和三年に公開した文書。その後昭和一〇年代以降、山根キクの霊視の内容や酒井勝軍《かつとき》のピラミッド説などが付加されていく。特に戦後になって出版された『神代の万国史』は戦前に無かった部分が大量に加筆されている。写本の多くは戦災で焼失し失われたが、南朝系の古文献を再編したとされる写本もある。神武天皇以降の皇朝を神倭朝《かむやまとちょう》と呼び、これ以前にフキアエズ朝七三代があり、さらに遡って上古二五代とそれ以前に天神七代があったとしている。世界に五色人がかつて存在し、上古の天皇が統括し、ときどき空飛ぶ船に乗って世界を巡行していたとされる。

一九三九

『九鬼文献《くかみぶんけん》』

綾部藩主・九鬼《くき》子爵家に伝わった歴史・神道・武道関係文書の総称。昭和十六年、太古史研究家の三浦一郎が時の当主・九鬼隆治《くきたかはる》から預かった史料に基づき著した『九鬼文書の研究』により、一部が公開された。ウガヤフキアエズ王朝が存在したこと、聖徳太子が崇峻《すしゅん》天皇を殺害したことなどを記述している。九鬼文献は、一七世紀に伊雑宮から九鬼氏が略奪したもの（P92参照）という説がある。これに関連して、戦後三浦は、『九鬼文書の研究』で公表した史料は、正しくは「大中臣文書」というべきだったと述べている。

一九四一

『秋田物部文書《あきたもののべもんじょ》』

秋田の唐松神社の社家物部氏に伝わる文書で、最古の写本は一七一一年のもの。部分的にアヒル草文字で記されている。進藤孝一《しんどうこういち》氏の『秋田物部文書伝承』で一部が公表された。

物部氏の祖神である饒速日命《にぎはやひのみこと》は、東北の鳥見山（鳥海山）に降臨し、唐松岳に日の宮を建てて居住したこと、子孫は大和地方に進出し、東征した神武天皇と和解したこと、のちに蘇我氏と戦って敗れたことなどを記録している。十種の神宝や天の鳥船の話など、物部氏に由来する旧事紀一〇巻本と共通した記述がある。

一九六六　『カタカムナのウタヒ』（第五章参照）

一五九五　『サクロモンテの鉛の書』Lead Books of Sacromonte
キリスト教徒がイスラム教徒のムーア族から奪回したスペインのサクロモンテの町で、一五九五年から九九年にかけて、鉛の板に刻まれた一連の『鉛の書』なるものが出現した。それには、町に居住するムーア人の子孫は古代キリスト教会をスペインに創設した聖セシリオの後継者であると書かれていた。また、聖処女マリアの伝言と称するものを載せており、それは将来あらゆる国々と宗教を一つに統合する『確かなる福音』という文書の頒布を計画しているというものであった。驚くべき力を持つ預言者としてのイエスは、人間として描かれ、神の子とはされていない。一六八二年にカトリック教会は、これを異端の偽書と断定し、これについての評論も禁止した。

一七〇九　『バルナバの福音書』Gospel of Barnabas

バルナバの福音書の最古の写本は、一七〇九年の少し前までさかのぼることができる。『鉛の書』と同じく、イエスは預言者であって神の子ではないとし、イエスは十字架にかけられる前に天に引き上げられ、代わりにイスカリオのユダがはりつけにされたことを記している（竹内文書の研究者は注目すべき）。また、初期のキリスト教の歴史を振り返り、聖パウロは騙されていたこと、イエスは自分をメシアと呼んだことはなく、将来ムハンマドと呼ぶ預言者が出現すると言ったことなどを記述する。イスラム教徒による偽書とみられるが、イエスが飲酒を認め、割礼を求め、重婚を禁止している点はイスラムの教義に反している。総合するに、これはキリスト教とイスラムの統合を目指して中世の西欧で作られたものであろうが、若干のモスリムの教義を推奨している点が驚きである。

一七五一

『義人《ぎじん》の書』Book of Jasher

「再発見された」と称する福音書であるが、とりわけ一九三四年のバラ十字団の指令により再版が進められた。これをはじめとする聖書の偽書類については、

[Famous Biblical Hoaxes, or, Modern Apocrypha]（E.J.Goodspeed）を参照されたい。

一七六〇『オシアンの詩』Ossian Poems
スコットランドの詩人、ジェイムズ・マックファーソンが発見したという英雄物語の叙事詩。古代ハイランド地方のフィンガル王の息子オシアンと孫のオスカルをめぐる戦闘と栄光と悲劇を描く。真贋論争にさらされたが、欧州で評判となり、ナポレオンも愛読、ゲーテやシューベルトにも影響を与えた。現在では、アイルランド伝説を剽窃《ひょうせつ》したものとされているが、古代の勇者の情熱と勇気、寛容の精神を繊細な詩的表現で表したものと評価する意見もある。

一八六七『オエラ・リンダの書』Oera Linda Books
古代ヨーロッパ（紀元前二一九四年から紀元八〇三年）の歴史や神話、宗教について記した古文書と称する写本。オランダ人コルネリウス・オフェル・ド・リンデンが一八六七年に図書館に寄贈しようとしたことから、有名になったが、

古代フリジア文字

写本の著者は特定されていない。一八七二年にオランダ語訳が出版された。北オランダに住むフリジア人は、ケルトの女神フレイジャの子孫で、超古代には欧州と周辺の大陸を支配していた偉大な民族と主張。母系制社会の儀式、巨石文化、大陸の沈没にも言及。特殊な「古代フリジア文字」でかかれているが（別図）、これは、むしろ近代オランダ文字に近いもの。専門家の間では捏造されたものと見なされている。しかし、北方民族至上主義を唱えたヘルマン・ビルツは、この書に心酔し、彼の著書は、イタリアの古代史家ユリウス・エヴォラにも影響を及ぼしている。

一八八八　『ジャーンの書』book of Dzyan

神智学の創始者、ロシアのブラバツキー夫人が発見したというチベットの超古代の宗教生活に関する写本。センザール語の古代文字でヤシの葉に書かれていたという。夫人は「アトランティスの叡智を伝える最古の書物」という。一九八一年にリーグル夫妻は、『ジャーンの書』の内容は、チベット仏教のタントラ部（ギューデ）に依拠していることを突きとめた。（Blavatsky，s Secret Books by David Reigle）

一八九四 『聖イッサの生涯』Life of Saint Issa
ニコラス・ノトヴィッチ（パリに住んでいたユダヤ人で、ロシアスパイの従軍記者であった）が一八九四年に著した本の中で、インド旅行中にラダク州へミスの僧院でイエスが滞在していたという写本を発見したという。イエスは、仏教を学ぶためにインドに渡り、パーリ語とヴェーダ語を学習したという。イッサは、イエスのアラブ語名。一三歳から三〇歳までのイエスの空白の生涯を埋めるものと話題になったが、写本の実在は証明されていない。（死海写本の登場後は、イエスはその間、エッセネ派で修行していたのではないかという説が出された。）

一九六七　『アンリ・ロビノの秘密書類』Dossiers Secrets d' Henri Lobineau
（第六章参照）

一九六八　『エッセネ派の福音書』Essene Gospels
ハンガリー人のエドモンド・ボルド・セイケイ（一九〇五―一九七五）は、哲学者、文献学者であり、菜食主義者として知られるが、一九六八年にヴァチカンの図書館でエッセネ派の福音書を発見したと公表し、のちにこれを出版した。彼は、「考古哲学」という新しい科学を提唱し、超古代の「原初の知識」を再構築しようとした。

一九九四　『コルブリンの書』The Kolbrin
二部よりなり、第一部（六冊）は紀元前一六〇〇年ごろにエジプトの学者によって神官書体で書かれ、起源一〇〇年ごろフェニキア人がフェニキア文字による翻訳をイギリスに運んだという。第二部（五冊）は、紀元一〇〇年ごろ、初期のイギリスのケルト人司祭（ドルイド）によって書き継がれた。元は、二一巻あったと言われるが、現存するのはこの一一巻だけ。一二世紀に英国王から迫害を受けたので、スコットランドのグラストンベリー修道院に隠されたという。一一八四年の同僧院の火災の際、運び出され、スコットランドの秘密結社が保存してきた。その後、ニュージーランドに渡り、ケルトの後継を自称する信託団体が、一九九四年に出版した。（三六〇〇年ぶりであったが、これをニビルの惑星の周期三六〇〇年と結びつける解釈もある。）人類の創造から始まり、古代の恐竜、惑星のもたらした巨大災害、疫病について物語る。エジプト人の表記法、建築法、ユダヤ人の出エジプトなども。後半は、ヨセフやイエスがブリタニアに来たこと、ドルイドの信仰、死後の世界、霊的な覚醒法についても語っている。

解説　世界の文脈からみた日本の古史古伝

宮﨑貞行

本訳書の原題は、the sacred science of ancient Japan である。直訳すると、「古代日本の聖なる科学」となる。**ここでいう「科学」とは、著者が語るように、ラテン語のスキエンティア（叡智）の意味で使われている。**

現代の「科学」は、再現しうる実証データにもとづく「知識」の意味に限定して用いられているが、西洋近世までは、フランシス・ベーコンが言ったように「スキエンティア（叡智）は力なり」と表現されてきた。智の巨人ゲーテも、叡智の意味での「聖なる科学」を追究しようとした一人であった。

著者のエイヴリ・モロー氏（米国人）は、古代の叡智を求めて、世界の古文献を探索し、日本にもこれまで通算五年間滞在したことがある。本書を書くにあたり、彼はパラヒストリー（parahistory）という新語を発明する。パラリンピックのパラである。直訳すると「疑似史」、「例外史」である。主流とされてきた歴史ではないが、それに似せた番外史という意味で造語したのである。

古代の叡智を示唆していそうな世界の番外史を渉猟《しょうりょう》するうちに、モロー氏は、不思議な文献に行きあたった。二〇以上の日本の古史古伝群である。

モロー氏は、セイント・ジョンズ・カレッジで東洋古典を学び、佐賀県で英語の教師として三年間勤務したことがあるが、そのとき日本の古史古伝が、西欧世界の古史古伝と違い、内容が実に多岐にわたり、そのいくつかは記述が綿密でそれなりに一貫していることを発見した。

西欧のものは、正史とされる聖書に対抗するものが多いのに対し、日本の古史古伝は、正史とされる古事記、日本書紀に対抗するものが多いばかりでなく、付録一に示されているように、それを超えた超古代のものと称するものもあることに驚いたのである。

これらを研究してモロー氏は問いかけた。**どうして極東の島国にこれほど多様な古文献や神代文字が存在しているのか、それが真実でないとするなら、なぜわざわざ捏造したのだろうか。しかもそれぞれが太古のすばらしい社会の叡智を伝えようとしているようにみ**

えるのはなぜなのだろうか。文献学者たちは、これらを根拠のない「偽書」、「偽史」と一括し、それで満足しているが、はたしてそれは、古史古伝に向かう正しい態度なのであろうか、と彼は考えたのである。

「古史古伝」という用語は、一九七〇年代以降に、吾郷清彦や佐治芳彦《さじよしひこ》らによって用いられた比較的新しい言葉である。モロー氏は、古史古伝にパラヒストリーという訳語を与え、欧米社会に紹介しようとしてできあがったのが本書である。

本訳書で紹介された古史古伝は、旧事本紀、ホツマツタヱ、カタカムナ文書、竹内文書の四文献である。いずれも歴史学界と文献学界からは、正史を伝えない偽書として捨てられ、顧みられていないものである。だが、とモロー氏は抗弁する。**一体だれがどんな権限で、正史と偽史を区別するのだろうか。**

確かに、古史古伝は、年代の誤記が少なくないし、途方もない事柄が書かれてあり、明らかに後世に追加、修正されたとみられる部分も混入している。しかし、それを言うなら、古事記や日本書紀も同罪ではないだろうか。現に、古事記は日本書紀のあとに書かれた偽書という説も登場している。日本書紀には、神武天皇までに一七九万年が経過したという記述もある。

結局のところ、歴史というものは、権力を握った勝者たちが自己を正当化するためにつくりあげたもので、それが正史として定着してきただけなのではないだろうか。おびただしい敗者たちの歴史は弾圧され、捨てられ、その引用や論評も禁止され、闇に埋もれ、その写本も正確に写されるだけの勢力を次第に失ってきたのではなかったろうか。

英語のヒストリーは、ギリシャ語のヒストリアイ（ヘロドトスがまとめた『ペルシャ戦史』の書名）から、生まれたものであるが、語源が示すように、歴史は物語（ストーリー）を含むものなのである。だから、勝者の作った「正史」も敗者の「偽史」も、物語を含むものであり、「正当化の物語」に本質があるという点では、両者は同等の価値を持つものとして扱われるべきではないだろうか。

それを偏狭な文献学者たちは、物語の矛盾、年代誤記、表記法の誤りといった表面的な欠陥を指摘して、「偽史」というレッテルを貼り付けることに満足してきただけなのではないだろうか。

文献学者たちは、それで生活しているから大目に見て許すとしても、日本の哲学者や神学者、文化人類学者たちは、どうして沈黙しているのだろうか。彼らは、単に横文字を追って口に糊しているだけなのだろうか。世の識者たちが沈黙しているなら、この不確実な現代に血みどろで真剣に生活している私どもが、その内在する価値を発掘し、発言するほかないではないか。

モロー氏はこうして、日本人に成り代わり、日本の古代から現代までの多数の文献を読みこなし、古史古伝が伝えようとした叡智を発掘する作業に取り掛かったのである。

著者は、古代世界の叡智を再評価しようとした先達として、ユリウス・エヴォラ（イタリアの哲学者）とルネ・ゲノン（フランスの神学者）を紹介する。**この二人は、歴史的事実なるものをいくら積み重ねてもそこから人類にとっての価値は生まれないと主張し、事実を超えた地平から生きる知恵を得ていたはずの古代を見直そうとした。**

例えば、ゲノンは、『世界の王』という著書において、「至上の聖地」が世界にひとつあったという点で「世界の古伝承は一致している」と語っている。また、彼は、ギリシャ神話やインドのヨガを研究した結果、不朽の叡智は、太古にあった根本的に異なる世界観から生まれたものと説明している。
モロー氏は、エヴォラやゲノンの所説を参照しつつ、日本の古史古伝が意外にも彼らがいう「古伝承」、「太古の世界観」の概念と一致していることを次々に発見していく。

著者は、古史古伝に見られる矛盾した物語をそのまま受け入れるのではなく、またその奇異な主張を頭から拒絶するのでもなく、歴史を超えたさまざまな世界の叡智を評価してみることを通じて、奇異で矛盾した物語の謎を解いてみようとした。かれの基本的な態度は、次のような一節にも現れている。

「古史古伝に偽書とか神話、宗教といった言葉を当てはめることはできないのです。そうした言葉は、いいわけであって、古史古伝の文書の意味について、ほとんどあるいは全く説明することができていないのです。文書を取り巻く状況や文脈について語ってくれるとしても、文書が伝えようとしているメッセージについては何も語っていないのです。『そのメッセージは、なぜこの古史古伝という媒体を選んだのか』という疑問に答えていないのです」

この発言を、聖書や仏典に当てはめてみるとどうなるだろうか。

例えば、マルコの福音書はイエスに会ったことのない文字さえ読めなかったマルコが書いたとされるもので、他の福音書と矛盾しているところもあるから、これを偽書と決めつけても差し支えないだろう。また、釈迦の説法を記録したという法華経は、釈迦の入滅後五〇〇年後に段階的に出現したものだから、これも偽書と位置付けることは簡単にできるであろう。

しかし、**偽書と説明しても、なぜ聖書や法華経が今日も多くの人々に支持され、信仰されているのか、その理由を説明できていないのである。**「そのメッセージ」はなぜ福音書や法華経という「媒体」を選んだのかという疑問に答えていないのである。

最後の章でモロー氏は、**「ある理念の思い起こし」という重要なテーマを読者に突き付けている。**いくつか彼の発言を拾ってみよう。

「古史古伝はなぜ産みだされてきたのでしょうか。私どもの考えでは、その理由は、太古の伝統を知ることは思い起こすことであり、そして歴史は理念の記憶をよみがえらせるための手段であるからです」

「ある伝承を後世に伝えるにはそれを思い起こす必要があります。ここで、理念のある歴史を書き残すという作業が入ってきます。というのも、『歴史の真実性は、歴史家が採用した理念の真実性に裏付けられている』からなのです」

「本書で、これまでルネ・ゲノンとユリウス・エヴォラの業績を幅広く取り上げてきました。二人とも、太古の情報を思い起こすことは可能と考え、近代以前の国々や社会はその伝統の記憶を思い出して実現しようとしてきたと考えました。事実、古代のギリシャ人たちは、この思い起こしの作業を『アナムネーシス』という言葉で呼んでいたのです」

「反証となる事実があろうとなかろうと、古史古伝の価値はそれが事実かどうかではなく、ある法則や理念を含んでいるかによって決まってくるということに変わりはないのです」

モロー氏は、東西古今の文献を幅広く渉猟し、さまざまな「思い起こし」の記録を本書に多数ちりばめている。それは、エドガー・ケイシーの透視から日月神示の自動書記まで、アイルランドのフィネガンズ・ウェイクから古代インドのヴェーダまで、プラトンからチャーチワードまで及ぶ広範なものである。

そして、著者は高らかに次の宣言を述べて、本書を締めくくるのである。

「私どもが歴史を学ぶのは、自分が『何であるか』を知るためと言ってよいでしょう。とするなら、古史古伝を学ぶのは、私どもは『何になりうるのか』を知るためなのです。古史古伝は、歴史は事実の科学だとする見方をひっくり返し、歴史を可能性の領域に運び込み、可能な歴史の幅を広げてくれるのです」

ところで、本書は、現代日本の文脈の中でどのような意味をもつのだろうか。古史古伝の研究は、二一世紀の日本に対して何か示唆するところがあるのだろうか、という疑問がわいてくる。

戦前、五大国の一つにのし上がった日本は、世界における独自の使命を確立しようとして、記紀に書かれた過去の伝統を振り返り、祭祀王を中心とする共同体の国体物語を築き上げ、東アジアをその理念で統一しようとした。敗戦後は、その物語は捨てられ、占領軍によって、「自由と民主」という新しい米国の物語を押し付けられ、いまも憲法という形で身動きの取れない枠をはめられている。

それは、個人主義と功利主義の上に成立した米国の国体神話を無理に日本に当てはめよ

うとしたものであったが、次第にその理念の限界が明らかになってきたことを多くの人々が気づくようになってきた。

よく知られているように、現代米国において、貧富の差は極端に広がり、マスメディアは富裕層とリベラル派に支配され、「民主」の基礎が掘り崩されようとしている。「自由」の象徴とされる銃器による集団殺人はほぼ毎月発生し、全米ライフル協会という圧力団体にほとんど誰も抵抗できないでいる。移民の「自由」や貿易の「自由」がもたらす弊害も増大してきた。

「個人の自由」という洗礼を受けた日本もまた、その米国の後を追いかけるかのように、貧富の差が拡大し、母子家庭と家庭内暴力が急増してきた。給料の低い派遣社員が多くなり、奇妙な事件やテロが多発し、医師会、農業団体などの圧力団体がはびこっている。このような不幸な状況を見て、米国の国体神話に代わる日本独自の価値観を盛り込んだ共同体の物語を再び作り上げようとする動きが、近年顕著になってきている。

私どもの周りを見ても、「自由と民主」を超えた新しい理念を確立し、それに基づく望ましい共同体を次の世代に残しておきたいとする人々が増えてきた。あるグループは、旧事紀の理念を発掘しようとし、別のグループはホツマツタヱに二一世紀の日本の原理を求めようとしている。また、カタカムナ文書に基づいて潜象界と現象界をむすぶ新しい科学を打ち立てようとしているものもいる。縄文の土器やアイヌの伝承から新鮮な価値観を学ぼうとする人も登場している。

そのような探究者にとって、本書は、大いなる自信と光明を与えてくれるものではないだろうか。先の見えない不透明な時代状況におののいている人たちに、明るい展望にたどり着く道を教えてくれるのではないだろうか。私どもが本書を邦訳しようとした意図は、まさにその点にあると言っても過言ではない。

なお、本書が日本で出版されるより先に、ブルガリアで翻訳出版されていたことはうれしい驚きである。おそらく、ブルガリアに伝わる古伝承は我が国の古史古伝となにか共通するものがあると感じたのではないだろうか。ブルガリアからアルメニア、トルコにまたがる地域が、太古の時代に日本と共通する文化基盤を持っていたと想像することは全く根拠がないわけではない。

それはともかく、本書がきっかけとなって、わが国の太古の歴史に対する関心が世界的に深まり、海外のそれとの比較研究が進んでいきそうな予感がするのである。その意味でも、著者の透徹した慧眼《けいがん》に敬意と感謝を表したいと思う。

最後に翻訳にあたりお手伝いいただいた長谷澤さん、文章の点検にご協力いただいた原田武虎さん、いときょうさん、高畠精二先生にお礼を申し述べたいと思う。また、第四章のホツマ文字は、ヲシテ文字同好会の小川和代さんに書いていただいた。編集に当たっては、石井健資社長と高島敏子さんから貴重なご指導をいただいた。紙上を借りて厚くお礼申しあげたいと思う。

（付記・原著には、引用文献が詳細に記されているが、本訳書では、出版の都合上煩雑になるので、著者の了解を得て省略している。引用文献に当たりたい方は、英文の原著を参照していただきたい。また、「訳注」は著者の原注に私が大幅に追加したものであり、その説明責任はすべて翻訳者にある）

エイヴリ・モロー
1987年にボストンで生まれる。セント・ジョンズ・カレッジにて東洋古典を学ぶ。在籍中に京都の龍谷大学に留学。その後、佐賀県にて三年間英語の教師として勤務するかたわら、日本の古史古伝を研究、日本の聖地などを探訪。日本宗教史を専門として2018年に東京大学修士。現在ブラウン大学博士課程。数々の神道論文は学術誌に掲載されている。

宮崎貞行（みやざき さだゆき）
東京大学、米コーネル経営大学院卒。官庁と大学に奉職した後、日本文化の特質を研究し、未来を拓く日本人の気概と気品の源泉を発掘し、発信を続けている。近著に、『小泉太志命 祓い太刀の世界』『「笹目秀和」と二人の神仙』『松下松蔵と「宇宙の大気」』『世界一の超能力者 ベラ・コチェフスカの大予言』（共にヒカルランド）、『天皇の国師』『寄りそう皇后美智子さま』『宇宙の大道へ』（共にきれい・ねっと）、『君もこの世に生まれ変わってきた』『縄文のコトタマが地球を救う』（共に明窓出版）など。

本作品は、『ホツマ・カタカムナ・先代旧事本紀』（2019年・ヒカルランド）に、竹内文書を加えた完全版となります。

【完全版】ホツマ・カタカムナ・竹内文書・先代旧事本紀

第一刷　2024年5月31日

著者　エイヴリ・モロー
監訳　宮崎貞行

発行人　石井健資
発行所　株式会社ヒカルランド
〒162-0821　東京都新宿区津久戸町3-11　TH1ビル6F
電話　03-6265-0852　ファックス　03-6265-0853
http://www.hikaruland.co.jp　info@hikaruland.co.jp
振替　00180-8-496587

本文・カバー・製本　中央精版印刷株式会社
DTP　株式会社キャップス
編集担当　高島敏子

ISBN978-4-86742-369-1

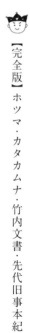

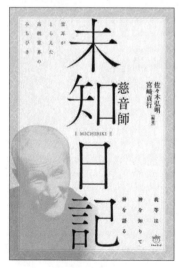

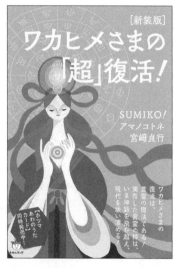

ヒカルランド　好評既刊！

地上の星☆ヒカルランド　銀河より届く愛と叡智の宅配便

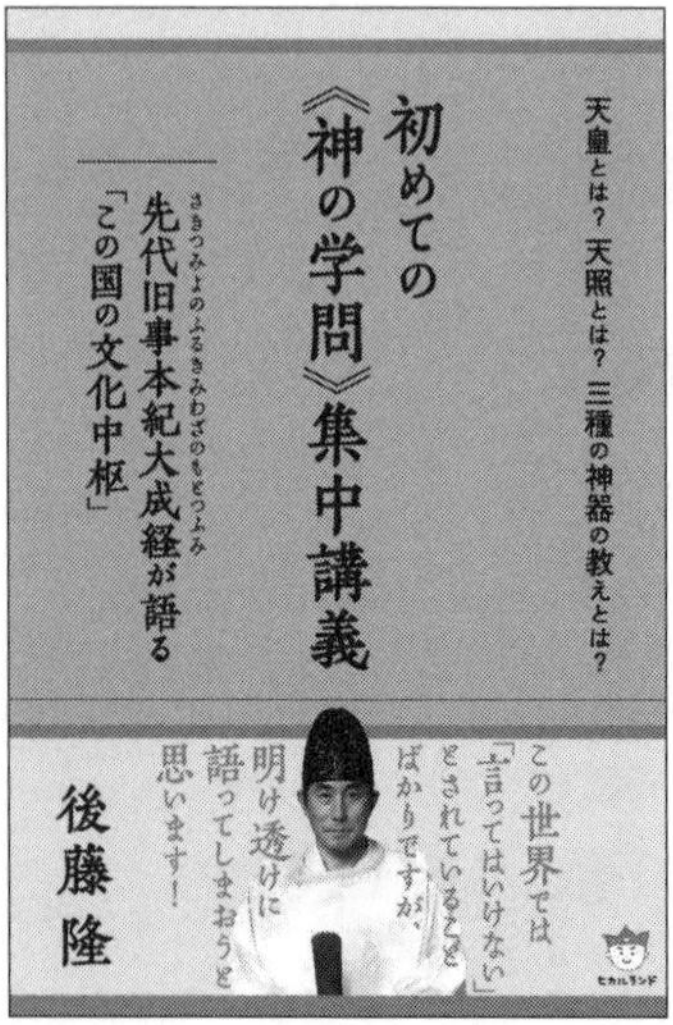

天皇とは？ 天照とは？ 三種の神器の教えとは？
初めての《神の学問》集中講義
著者：後藤 隆
四六ソフト　本体 2,296円+税

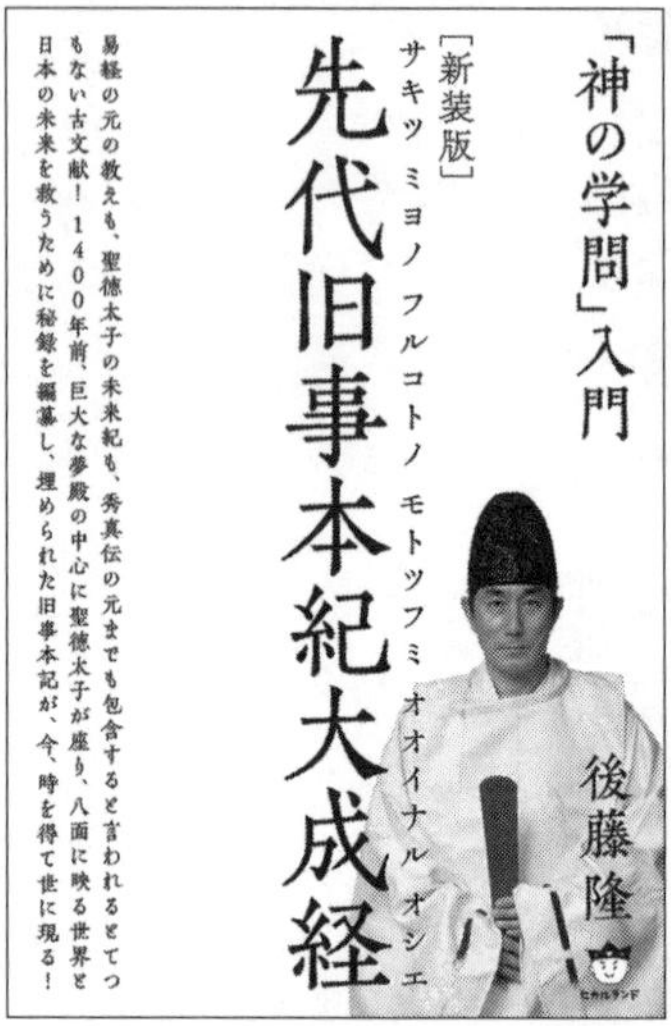

「神の学問」入門
[新装版] 先代旧事本紀大成経
著者：後藤 隆
四六ソフト　本体 2,222円+税

ヒカルランド　好評既刊！

地上の星☆ヒカルランド　銀河より届く愛と叡智の宅配便

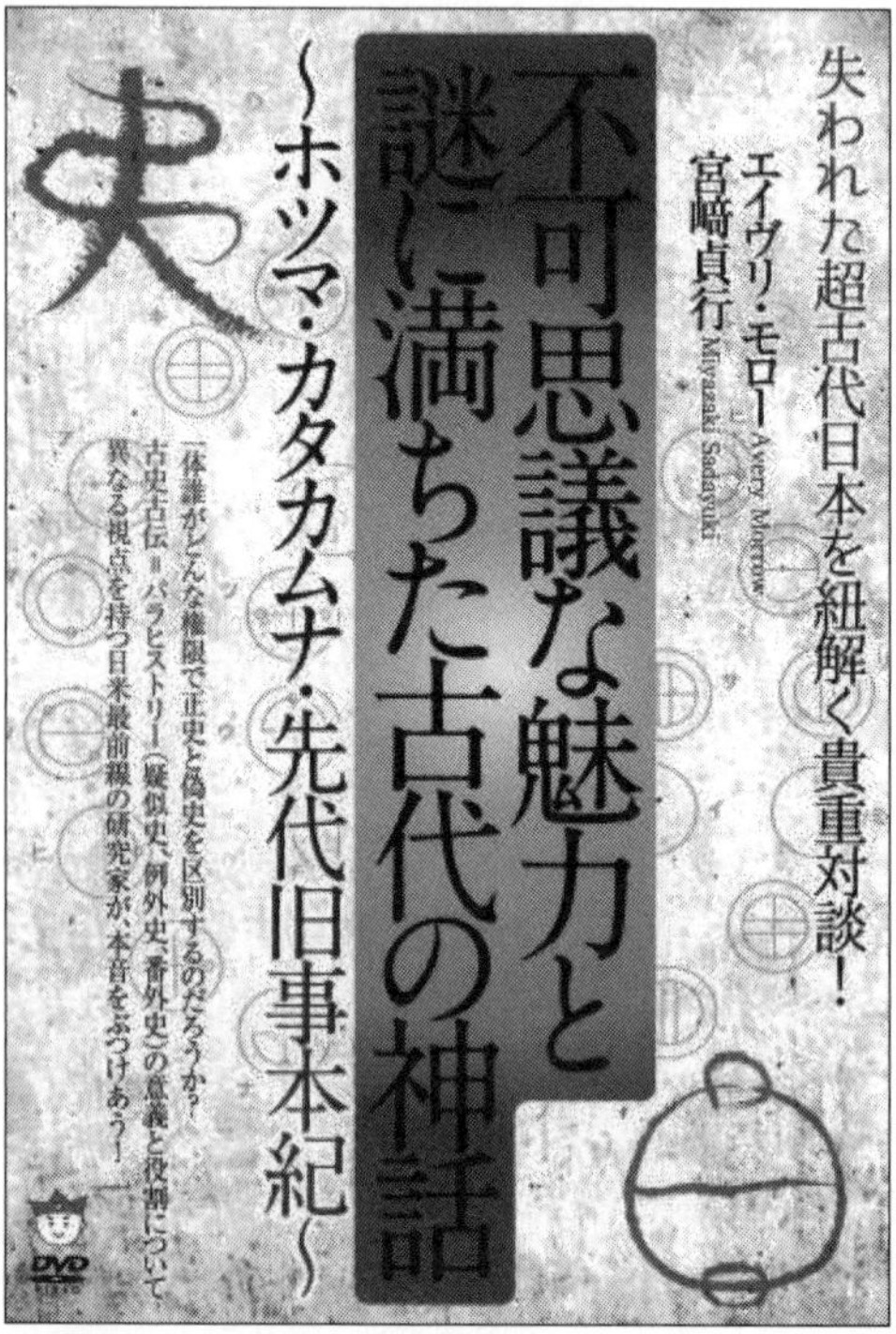

不可思議な魅力と謎に満ちた古代の神話
出演講師：エイヴリ・モロー／宮﨑貞行
DVD　本体 3,300円+税